Auf einen Blick: Abkürzungen und Mengenlehre – einfach ausschneiden und umdrehen!

Lesezeichen zum Ausschneiden

Dieses Lesezeichen gehört:

Abkürzungen & Mengenlehre

Prise = Eine Prise ist genauso viel, wie zwischen Daumen und Zeigefinger passt.

Msp. = Eine Messerspitze ist so viel, wie auf die Spitze eines Besteckmessers passt.

EL = Esslöffel
TL = Teelöffel
cm = Zentimeter (1 cm = 10 mm)
mm = Millimeter
Min. = Minute
usw. = und so weiter
z. B. = zum Beispiel

g = Gramm
kg = Kilogramm (1 kg = 1000 g)

l = Liter (1000 ml = 1 Liter)
¼ l = 250 ml
½ l = 500 ml
¾ l = 750 ml
1 l = 1000 ml

Conni feiert Geburtstag

Die besten Rezepte für eine gelungene Kinderparty

Abkürzungen & Mengenlehre

Ganz wichtig:
Bei allen Backrezepten solltest du Topfhandschuhe immer griffbereit haben, damit du die Sachen sicher in den heißen Ofen stellen bzw. sie wieder aus dem Ofen herausholen kannst. Lass dir dabei auch gern von einem Erwachsenen helfen!

EL = Esslöffel
TL = Teelöffel
cm = Zentimeter (1 cm = 10 mm)
mm = Millimeter
Min. = Minute
usw. = und so weiter
z. B. = zum Beispiel

Prise = Eine Prise ist genauso viel, wie zwischen Daumen und Zeigefinger passt.

Msp. = Eine Messerspitze ist so viel, wie auf die Spitze eines Besteckmessers passt.

g = Gramm
kg = Kilogramm (1 kg = 1000 g)

l = Liter (1000 ml = 1 Liter)
¼ l = 250 ml
½ l = 500 ml
¾ l = 750 ml
1 l = 1000 ml

Inhalt

Conni weiß, wie es geht ab Seite 4

Selbst gebastelte Einladungen, die besten Spiele, witzige Dekoideen: Connis Tipps für eine rundum gelungene Geburtstagsparty.

Kuchenhits ab Seite 10

Von Geburtstags-Gugelhupf über Schlemmerschnitten bis Erdbeerkuchen – Connis Lieblingsrezepte für die perfekte Kuchenschlacht.

Tortenüberraschung ab Seite 36

Himbeertorte, Märchenschloss oder Mandarinentorte: kinderleicht zu backende Hingucker für die Geburtstagstafel.

Schnuckelkram ab Seite 54

Ob Schokoschnitten mit Milchfüllung, kunterbunte Zauberstäbe oder Lolli-Schnecken: Mit diesen kleinen Leckereien ist für köstliche Stärkung zwischendurch gesorgt.

Fingerfood ab Seite 78

Mini-Hotdogs, Grissini-Fackeln oder knusprige Windräder: Connis herzhafte Snacks begeistern alle Partygäste.

Partydrinks ab Seite 96

Was wäre eine Feier ohne passende Getränke? Für Erfrischung sorgen bei Conni Melonen-Smoothie, Zitronenlimo mit Himbeeren und Fruchtbowle.

Rausschmeißer ab Seite 112

Gemüse-Wraps, Hackbällchen mit Tomatenreis oder Konfettisalat mit Würstchenspieß – das sind Connis Rezepte für einen leckeren Partyabschluss.

Register ab Seite 132

Vorfreude ist die schönste Freude

Conni kann es gar nicht mehr abwarten und zählt schon die Tage bis zu ihrem Geburtstag. Wen sie einladen wird, weiß sie schon ganz genau, und die Planungen fürs Fest mit ihren Freunden laufen auf Hochtouren. Hier verrät sie dir, woran du denken solltest.

Einladungskarten und -ballons

Sobald feststeht, wann die Geburtstagsfeier sein wird, gestaltet Conni die Einladungskarten. Klar, dass dort draufsteht, wo und wann das Fest stattfindet. Dabei solltest du nicht vergessen, auch das Ende der Feier anzugeben, damit die Eltern deiner Freunde wissen, wann sie zum Abholen kommen dürfen! Hast du dir für deine Party ein Motto überlegt, dann kannst du die Einladungskarten entsprechend gestalten – zum Beispiel sie für ein „Reiterfest" in Form von Pferdeköpfen ausschneiden und bemalen.

Lustig ist es auch, einen Luftballon mit einer Ballonpumpe aufzublasen, die Einladung mit einem wasserfesten Filzstift draufzuschreiben und die Luft wieder aus dem Ballon herauszulassen. Du darfst den Ballon während des Draufschreibens also nicht zuknoten, sondern nur zuhalten (am besten lässt du dir helfen: Einer hält fest, einer schreibt drauf). Den Einladungsballon in einen Umschlag stecken und verteilen, eventuell dabei darauf hinweisen, dass aus der Einladung die Luft raus ist und sie erst aufgepustet werden muss ...

Pfiffige Tischkarten

Conni findet: Tischkarten müssen nicht immer Aufsteller aus Karton sein. Man kann die Namen doch auch einfach mit Zuckerschrift auf den Rand des Kuchentellers schreiben!

Oder du legst eine weiße Papiertischdecke auf den Tisch und schreibst direkt dort die Namen drauf (am besten erst die Teller hinstellen und dann darüber, daneben oder darunter den Namen schreiben).

Connis Favorit sind essbare Tischkarten: In den Tagen vor dem Fest backt sie Mürbeteigherzen und schreibt mit Zuckerschrift die Namen drauf. Mit diesem süßen Willkommensgruß auf dem Teller findet jeder Gast seinen Platz auf Anhieb.

Gläser beschriften

Toben macht Durst – doch welches Glas war jetzt bloß meines? Ohne Kennzeichnung weiß das meist schon nach kurzer Zeit keiner mehr. Conni legt deshalb Fenstermalstifte zum Beschriften oder Bemalen bereit. Außerdem hat sie kleine Fensterbilder vorbereitet, die sich dann später wieder gut vom Glas ablösen lassen (Farben und Vorlagen dafür gibt's in Läden mit Bastelbedarf; fertige kleine Fensterbilder gibt es aber auch zu kaufen). Und sie hat Papiermanschetten gebastelt, die sich ums Glas legen und mit einem Klebestreifen befestigen lassen. Hat sich dann jedes Kind sein Party-Glas gestaltet, geht es garantiert nicht verloren!

Spieleliste

Für Conni steht fest: Topfschlagen darf nicht fehlen! Dafür braucht sie keine Liste. Doch weil Conni und ihre Freunde neugierig auf Neues sind, sucht sie noch weitere Spieleideen – sie fragt Freunde und Verwandte und sucht sich aus Zeitschriften oder Büchern Spiele heraus, die ihr gefallen (ihr Tipp: öffentliche Büchereien haben meist ein extra Regal zum Thema „Feste feiern"). Alles, was sie gern einmal ausprobieren möchte, schreibt sie auf eine Liste, auf der sie dann auch gleich notiert, welche Materialien für das Spiel nötig sind. Kurz vor dem Fest weiß sie so ganz schnell, was sie noch besorgen muss. Ein paar lustige Spieleideen findest du auf Seite 64.

Connis Dekoideen

Conni bastelt ihre Deko fürs Fest am liebsten selbst und verwendet dafür gern auch Material, das sonst im Müll landen würde. Denn „Upcycling" – also aus alten Dingen was Neues gestalten – steht bei Conni ganz hoch im Kurs!

Girlanden

Statt Papiergirlanden zu kaufen, zaubert Conni Girlanden aus alten Zeitschriften, Kalenderblättern, Werbeprospekten und Bändern: 1 bis 2 Zentimeter breite Streifen zuschneiden, die Streifen dann in 5 bis 10 Zentimeter lange Stücke. Eines der Stücke an den Enden zusammenkleben, sodass ein Ring entsteht. Ein zweites Stück durch den Ring stecken und an den Enden zusammenkleben. So fortfahren, bis eine lange Kette aus Papierringen entstanden ist. Für eine Girlande mit Wimpeln schneidet Conni viele gleich große Dreiecke zu, die sie an einem langen Band befestigt – dazu jeweils zwei Dreiecke mit dem Band dazwischen zusammenkleben. Im Herbst kannst du für eine Naturgirlande buntes Laub sammeln und auffädeln.

Tischdeko

Damit der Tisch schön bunt und fröhlich aussieht, verteilt Conni darauf Konfetti (macht sie mithilfe eines Lochers aus alten Zeitschriften selbst), Luftschlangen und bunte Glitzersteinchen.

Wer eine Tischdeko zum Aufessen bevorzugt, kann stattdessen kleine Schokolinsen, Gummibärchen und Gummischlangen sowie Mini-Schokoküsse auf dem Tisch verteilen. Conni stellt auch immer ein paar Becher mit Salzstangen oder Grissini und Teller mit Obstspießchen dazu – diese Leckereien sind meist mindestens genauso schnell gegessen wie der Kuchen.

Dekofahnen

Wenn mehrere Sorten Muffins und Kuchen auf dem Tisch stehen, machen sich kleine Fähnchen mit Beschriftung oder Bemalung gut. Dafür kleine Fähnchen aus weißem Papier an Zahnstocher kleben und zum Beispiel für einen Zitronenmuffin eine Zitrone oder für Heidelbeermuffins Heidelbeeren daraufmalen. Die Fähnchen dann in die Muffins oder den Kuchen stecken – so sieht jeder gleich, was er isst.

Für Trinkhalme bastelt Conni Dekofahnen aus dünnem Karton, die sie bemalt und dann mit Klebestreifen an den Halmen befestigt. Als Vorbild für einen Katzenkopf muss dann mal eben Kater Mau herhalten.

Mitnehm-Tütchen

Kleine Preise, die es bei Spielen zu gewinnen gibt, kommen natürlich in die Tüte. Und die macht sich am besten jedes Kind nach den eigenen Vorstellungen selbst: Am einfachsten ist es, im Supermarkt oder Drogeriemarkt weiße Brotzeittüten zu kaufen, die dann jeder nach Belieben mit Filzstiften, Glitzerkleber, Stickern und Stempelaufdrucken verzieren kann. Wer mag, kann aber auch kleine Baumwollstofftaschen mit Stoffmalstiften oder -kreiden bemalen, beides gibt es in gut sortierten Bastelläden. Lies dir dann zuvor unbedingt mit deinen Eltern die Anleitung für die Verwendung der Farben durch – damit sie gut halten, muss man dafür eventuell die Taschen zuvor waschen und die Farben hinterher einbügeln.

Discokugel

Rollos runter, Licht runterdimmen und Musik aufdrehen – Tanzspiele mit Musik, etwa Zeitungstanz (siehe Kasten rechts), machen mit einer glitzernden Discokugel gleich noch mehr Spaß. Conni beklebt dafür Styroporkugeln rundum mit Spiegel- oder bunten Glitzermosaiksteinen, steckt einen Aufhänger (gibt es alles im Handel für Bastelbedarf) in die Kugel und hängt sie dann mit einem Faden an Haken oder unter die Lampe an die Decke. Wenn die Kinder dann beim Tanzen ordentlich Wirbel machen, drehen sich die Kugeln und erzeugen tolle Lichteffekte.

Für Zeitungstanz brauchst du jeweils für zwei Kinder einen großen Bogen einer Tageszeitung und fetzige Musik.

Immer zwei Kinder tanzen zusammen auf einem ausgebreiteten Zeitungsbogen, dabei müssen sie ständig mit den Füßen auf der Zeitung bleiben. Tritt ein Tanzpaar neben die Zeitung auf den Boden, muss es die Tanzfläche verlassen.

Ein Kind ist der DJ und stellt zwischendurch immer wieder die Musik aus. Sobald die Musik aus ist, falten die Kinder die Zeitung in der Mitte zusammen und tanzen dann auf der nun kleiner gewordenen Zeitungsfläche weiter. Der DJ schaut, ob alle Paare noch auf der Zeitung stehen.

Mit der Zeit wird es immer schwieriger, zu zweit auf der Zeitung zu bleiben. Nach und nach scheidet ein Paar nach dem anderen aus. Das Paar, das zum Schluss übrig bleibt, ist Sieger.

Geburtstagskalender

Januar

....

....

....

Februar

....

....

....

März

....

....

....

April

....

....

....

Mai

....

....

....

Juni

....

....

....

Juli

....
....
....
....

August

....
....
....
....

September

....
....
....
....

Oktober

....
....
....
....

November

....
....
....
....

Dezember

....
....
....
....

Kuchenhits

Schnell einen Teig anrühren, ab damit in die Form und den Backofen – das ist ganz nach Connis Geschmack. Dekoriert wird der Kuchen dann anschließend ganz nach Lust und Laune. Auch dafür hat Conni für dich so einige Ideen parat.

Geburtstags-Gugelhupf

Für 1 Kuchen (16 Stücke):

200 g Butter + 200 g Sahne
500 g Weizenmehl
(Type 405)
1 Päckchen Trockenhefe
125 g Zucker + Salz
1 TL abgeriebene Bio-Zitronenschale
4 Eier (Größe M)
150 g Rosinen
1 Packung Zuckerguss
(125 g, Fertigprodukt)
50 g bunte Schokolinsen

Außerdem:

Gugelhupfform (24 cm Ø)
Fett und Mehl für die Form
Mehl für die Arbeitsfläche

Zubereitung: ca. 25 Min.
+ ca. 1 Std. Teiggehzeit
+ ca. 45 Min. Backzeit
+ ca. 1 Std. Abkühlzeit

• Die Form gut einfetten und mit Mehl ausstäuben. Die Butter in einem Topf bei mittlerer Hitze zerlassen, vom Herd nehmen und die Sahne unterrühren – die Mischung sollte lauwarm sein, eventuell noch etwas abkühlen lassen.

• Mehl und Hefe in einer Schüssel mischen. Zucker, 1 Prise Salz, Butter-Sahne-Mischung und Zitronenschale dazugeben. Eier aufschlagen und hinzufügen. Alles mit den Knethaken des Handrührgeräts kurz auf niedrigster, dann etwa 5 Minuten auf höchster Stufe glatt verkneten. Rosinen unterarbeiten.

• Teig in die Form geben und zugedeckt 1 bis 1½ Stunden bei Raumtemperatur gehen lassen, bis er deutlich größer ist. Ein Ofengitter auf die zweite Schiene von unten in den Backofen schieben. Den Ofen auf 180 °C (Umluft 160 °C) vorheizen.

• Kuchen in den Ofen stellen (Topfhandschuhe!) und etwa 45 Minuten backen. Form aus dem Ofen nehmen (Topfhandschuhe!) und den Kuchen darin auf einem Kuchengitter 5 Minuten abkühlen lassen. Dann den Gugelhupf aus der Form stürzen und vollständig abkühlen lassen. Mit Zuckerguss überziehen und Schokolinsen darauf verteilen. Guss trocknen lassen. Nach Belieben Kerzen in den Kuchen stecken.

Mein Tipp: Den Kuchen kannst du schon 1 bis 2 Tage vorher backen. Nach dem Abkühlen gut verschlossen in einer Kuchenbox lagern.

Möhrenkuchen

- Form gut einfetten und mit Mehl ausstäuben. Ein Ofengitter auf die mittlere Schiene in den Backofen schieben. Ofen auf 180 °C (Umluft 160 °C) vorheizen. Für den Rührteig von den Möhren die Enden abschneiden, Möhren schälen und auf einer Küchenreibe fein raspeln.

- Die Eier trennen (siehe Kasten Seite 18). Die Eiweiße mit den Quirlen des Handrührgeräts zu steifem Schnee schlagen.

- Eigelbe, Zucker, Vanillezucker und 1 Prise Salz in einer Rührschüssel mit den Quirlen des Handrührgeräts auf höchster Stufe etwa 5 Minuten schaumig schlagen. Orangensaft unterrühren. Mehl mit Backpulver mischen, mit der Hälfte der Mandeln auf niedrigster Stufe unter die Eigelbmasse rühren. Eischnee mit einem Teigspatel vorsichtig unterheben, bis alles vermischt ist. Restliche Mandeln und Möhren untermengen. Teig in die Form füllen und glatt streichen.

- Kuchen in den Ofen stellen (Topfhandschuhe!) und etwa 1 Stunde backen. Form aus dem Ofen nehmen (Topfhandschuhe!) und den Kuchen darin 10 Minuten abkühlen lassen. Dann mit einem Messer vom Rand der Form lösen, auf ein Kuchengitter stürzen und vollständig abkühlen lassen.

- Für den Guss Puderzucker mit so viel Zitronensaft verrühren, dass eine dickflüssige Masse entsteht. Auf dem Kuchen verteilen und fest werden lassen.

Für 1 Kuchen (15 Stücke):
Für den Rührteig:
250 g Möhren
4 Eier (Größe M)
160 g Zucker
1 Päckchen Vanillezucker
Salz
2–3 EL Orangensaft
50 g Weizenmehl (Type 405)
2½ gestrichene TL Backpulver
300 g gemahlene Mandeln

Für den Guss:
100 g Puderzucker
1–2 EL Zitronensaft

Außerdem:
Kastenform (ca. 25 × 11 cm)
Fett und Mehl für die Form

Zubereitung: ca. 30 Min.
+ ca. 1 Std. Backzeit
+ ca. 1 Std. Abkühlzeit

Tassenkuchen

Für 1 Blechkuchen (20 Stücke):

3 Tassen Weizenmehl
(Type 405; je 100 g)
3 gestrichene TL Backpulver
2 Tassen Zucker (je 150 g)
1 TL abgeriebene Bio-
Zitronenschale
4 Eier (Größe M)
1 Tasse Rapsöl (150 ml)
1 Tasse kohlensäurehaltiges
Mineralwasser (150 ml)
250 g Puderzucker
3–4 EL Apfelsaft
Zuckerschrift (Fertigprodukt;
3 Farben nach Belieben)

Außerdem:

Backblech (40 × 30 cm)
Fett und Mehl für das Blech
Holzstäbchen

Zubereitung: ca. 20 Min.
+ ca. 20 Min. Backzeit
+ ca. 1 Std. Abkühlzeit

- Den Backofen auf 180 °C (Umluft 160 °C) vorheizen. Das Backblech einfetten und mit Mehl bestäuben (oder mit Backpapier auslegen).

- Mehl, Backpulver, Zucker und Zitronenschale in einer Rührschüssel vermischen. Eier aufschlagen, mit Öl und Wasser zur Mehlmischung geben und alles mit einem Kochlöffel oder den Quirlen des Handrührgeräts zu einem glatten Teig verrühren.

- Den Teig auf das Blech geben und gleichmäßig glatt streichen. Das Blech in den Ofen auf die mittlere Schiene schieben (Topfhandschuhe!) und den Kuchen etwa 20 Minuten backen. Das Blech aus dem Ofen nehmen (Topfhandschuhe), auf ein Kuchengitter stellen und den Kuchen darauf abkühlen lassen.

- Den Puderzucker mit so viel Apfelsaft verrühren, dass ein dickflüssiger Guss entsteht. Den Guss mithilfe eines Essöffels oder einer Palette gleichmäßig auf dem Kuchen verstreichen.

- Mit der Zuckerschrift abwechselnd Linien in drei verschiedenen Farben auf den noch feuchten Guss spritzen. Mit einem Holzstäbchen abwechselnd von oben nach unten und von unten nach oben durch den Guss ziehen, sodass geschwungene, farbige Linien entstehen. Den Guss trocknen lassen.

1 Tasse = etwa 150 ml

So trennst du ein Ei: Schlage das Ei in der Mitte auf einer Tisch- oder Schüsselkante nur so leicht an, dass die Schale einen Riss bekommt. Dann hältst du das Ei mit dem Riss nach oben über eine Schüssel und brichst es auf, sodass zwei Hälften entstehen – achte dabei darauf, dass das Eigelb in einer Schalenhälfte bleibt! Nun lässt du das Eigelb vorsichtig von einer Schalenhälfte in die andere gleiten. Das Eiweiß läuft dabei nach und nach fast vollständig in die Schüssel.

Pferdekoppel

- Für den Rührteig Vollmilchkuvertüre in Stücke brechen und nach Packungsanweisung im Wasserbad oder der Mikrowelle schmelzen lassen. Ein Ofengitter auf die mittlere Schiene in den Backofen schieben. Ofen auf 180 °C (Umluft 160 °C) vorheizen. Die Backform gut einfetten und mit Mehl ausstäuben.

- Eier trennen (siehe Kasten links). Eiweiße mit den Quirlen des Handrührgeräts zu steifem Schnee schlagen. Eigelbe, Butter und Zucker in einer Rührschüssel mit den Quirlen des Handrührgeräts schaumig rühren. Geschmolzene Kuvertüre unterrühren, dabei mindestens 6 EL Kuvertüre für die Deko übrig lassen. Gemahlene Mandeln und Eischnee unter die Eier-Schoko-Masse mischen.

- Teig in die Form füllen und glatt streichen. Die Form in den Ofen stellen (Topfhandschuhe!) und den Kuchen 30 Minuten backen. Form aus dem Ofen nehmen (Topfhandschuhe!) und den Kuchen darin auf einem Kuchengitter vollständig abkühlen lassen.

- Für die Deko weiße Kuvertüre in Stücke brechen, nach Packungsanweisung schmelzen und mit etwas Speisefarbe grün färben. Falls nötig, die übrig gelassene Vollmilchkuvertüre nochmals schmelzen. Kuchenmitte mit Kakao und gehackten Mandeln bestreuen. Grüne Kuvertüre darum herum als Grasfläche verstreichen. Schokoriegel hochkant als Zaunpfähle jeweils mit einem Klecks Vollmilchkuvertüre an den Kuchen kleben. Keksstäbchen daran quer mit Kuvertüre befestigen. Pferde auf die Koppel stellen.

Für 1 Kuchen (12 Stücke):
Für den Rührteig:
400 g Vollmilchkuvertüre
8 Eier (Größe M)
400 g weiche Butter
250 g Zucker
400 g gemahlene Mandeln

Für die Deko:
150 g weiße Kuvertüre
grüne Speisefarbe (Tube)
ca. 1 EL Kakaopulver
50 g gehackte Mandeln
14 Schokoriegel mit Milchfüllung (kleine Größe)
16 Keksstäbchen mit Schoko
2 kleine Spielzeugpferde

Außerdem:
Backform (ca. 35 × 23 cm)
Fett und Mehl für die Form

Zubereitung: ca. 55 Min.
+ ca. 30 Min. Backzeit
+ ca. 30 Min. Abkühlzeit

Feen-Kuchen mit Zauberstäben

Für 1 Kuchen (12 Stücke):

2 Dosen Mandarinen
(je 175 g Abtropfgewicht)
4 Eier (Größe M)
250 g weiche Butter
200 g Zucker
200 g saure Sahne
300 g Weizenmehl
(Type 405)
100 g Speisestärke
1 Päckchen Backpulver
je 100 g rosa und roter Rollfondant + Zuckerstreudekor
300 g weiße Kuvertüre

Außerdem:

Springform (26 cm Ø)
Fett und Mehl für die Form
Sternausstecher + Lollistiele

Zubereitung: ca. 50 Min.
+ ca. 50 Min. Backzeit
+ ca. 1 Std. Abkühlzeit

- Die Springform einfetten und mit Mehl ausstäuben. Ein Ofengitter auf die mittlere Schiene in den Backofen schieben. Den Ofen auf 180 °C (Umluft 160 °C) vorheizen. Mandarinen in einem Sieb abtropfen lassen. Die Eier trennen (siehe Kasten Seite 18). Die Eiweiße mit den Quirlen des Handrührgeräts zu steifem Schnee schlagen.

- Eigelbe, Butter und Zucker in einer Schüssel mit den Quirlen des Handrührgeräts schaumig rühren. Saure Sahne unterrühren. Mehl, Stärke und Backpulver mischen und kurz unterrühren. Mandarinen und Eischnee mit einem Teigspatel unterheben. Teig in die Form füllen. Kuchen in den Ofen stellen (Topfhandschuhe!) und etwa 50 Minuten backen. Herausnehmen (Topfhandschuhe!), nach etwa 10 Minuten auf ein Kuchengitter stürzen und abkühlen lassen.

- Den Fondant ½ cm dick ausrollen und verschieden große Sterne ausstechen, nach Belieben Zuckerstreusel daraufstreuen und andrücken. Einige Sterne auf Lollistiele spießen (wer mag, klebt daran Fähnchen mit Wünschen). Kuvertüre in Stücke brechen, nach Packungsanweisung schmelzen. Kuchen mit Kuvertüre überziehen und mit Zuckerdekor bestreuen. Sternlollis in den Kuchen stecken, übrige Sterne auf die Kuvertüre kleben.

Connis Bastelideen

Neben Kuchenessen, Schatzsuche und vielen Spielen ist bei Connis Geburtstagsfeier ein weiterer Programmpunkt ganz wichtig: Basteln! Am liebsten macht sie etwas, von dem sie und ihre Freunde auch nach dem Fest noch lange etwas haben.

Masken basteln

Du brauchst dafür:

1 weißen runden Pappteller oder weißen Fotokarton DIN A4 je Kind + Schere + Malstifte oder Bastelfarben und Pinsel + Wolle + farbiger Fotokarton + Kleber Bastelunterlage + Locher + Gummiband

- Der Pappteller oder Fotokarton ist die Basis. Aus Fotokarton einen Kreis (20 cm Ø) ausschneiden.

- Zwei Löcher (je etwa 2 cm Ø) mit 2 bis 3 cm Abstand zueinander für die Augen ausssschneiden.

- Bemalen: z. B. Mund und Schnurrbart oder Katzengesicht aufmalen. Haare aus Wolle und Ohren aus farbigem Karton ankleben.

- Mit dem Locher rechts und links je ein Loch stanzen. Gummi (etwa 20 cm) durchziehen und jeweils festknoten. Aufsetzen!

Tassen bemalen

Bei Conni gibt es erst die Tassenkäsekuchen von Seite 74. Sind die aufgegessen, bemalen sie und ihre Freunde die leeren, gereinigten Tassen.

Du brauchst dafür:
1 weiße Porzellantasse für jedes Kind
spezielle Porzellanmalstifte oder
flüssige Porzellanfarben und Pinsel
Malunterlage + alte Lappen

- Reinige die Tassen zunächst sehr gut mit Spülmittel und trockne sie anschließend gut ab.

- Überlegt euch, was ihr auf die Tasse malen möchtet. Zeichnet das Motiv eventuell zunächst auf Papier vor. Tipp: es gibt im Bastelhandel spezielles Kopierpapier, mit dem man ein darauf gezeichnetes Motiv auf die Tassen übertragen kann.

- Dann malt ihr am besten mit einem schwarzen Stift die Konturen des Motivs auf die Tasse. Diese könnt ihr ausmalen. Vermalt? Sofort mit einem Lappen entfernen (eventuell ist etwas Alkohol nötig).

Mein Tipp: Weiße Porzellantassen und Porzellanmalstifte oder -farben gibt es im Handel für Bastelbedarf, Tassen aber natürlich auch in Haushaltswarengeschäften. Lies dir unbedingt zusammen mit deinen Eltern die Anleitung auf den Stiften durch, denn meist müssen die Tassen zum Einbrennen der Farben anschließend noch eine Weile in den Backofen.

KUCHENHITS > 23

T-Shirts oder Taschen mit Kartoffeldruck-Insekten

In Connis Geburtstags-Druckwerkstatt werden aus T-Shirts oder Baumwollstofftaschen mit Kartoffeldruck individuelle Designerstücke.

Du brauchst für jedes Kind ein einfarbiges (am besten weißes) **T-Shirt** oder eine **Stofftasche** und **flüssige Stoffmalfarbe** (mehrere Farben, z. B. Rot, Blau, Gelb, Grün und Schwarz) – im Handel für Bastelbedarf ist meist alles erhältlich.

Für jede Stoffmalfarbe benötigst du außerdem einen **Pinsel**, der dann nur für diese Farbe reserviert ist.

Und natürlich brauchst du **Kartoffeln**, am besten unterschiedlich groß und unterschiedlich geformt (z. B. runde, ovale und ungleichmäßig geformte) sowie **kleine Küchenmesser**.

Bevor es losgeht, solltet ihr die Arbeitsunterlage abdecken, z. B. mit einer dicken Schicht altem **Zeitungspapier** oder einer zum Basteln reservierten Plastiktischdecke.

Und dann ist Fantasie gefragt! Hier ein paar Ideen:

- **Für eine Spinne** eine Kartoffel so halbieren, dass eine möglichst runde Schnittfläche entsteht.

- Die Schnittfläche schwarz anpinseln und auf den Stoff drücken.

- Dann mit einem Pinsel Spinnenbeine und einen kleinen Kopf per Hand anmalen.

- **Für eine Biene** eine Kartoffel so halbieren, dass eine ovale Schnittfläche entsteht (evtl. längs halbieren).

- Die Schnittfläche gelb anpinseln und auf den Stoff drücken.

- Dann mit einem Pinsel und schwarzer Farbe Streifen, Stachel, Beine, Flügel und Kopf mit Fühlern aufmalen.

- **Für eine Marienkäfer** eine Kartoffel so halbieren, dass eine möglichst runde Schnittfläche entsteht.

- Die Schnittfläche rot anpinseln und auf den Stoff drücken.

- Dann mit einem Pinsel und schwarzer Farbe Beine, Kopf mit Fühlern und Marienkäferpunkte per Hand aufmalen.

Bananen-Walnuss-Kuchen

Für 1 Kuchen (15 Stücke):

2 Bananen (ca. 300 g)

5 Eier (Größe M)

250 g weiche Butter

120 g Zucker

1 TL Zimtpulver

100 g gehackte Walnusskerne

250 g Weizenmehl (Type 405)

50 g Speisestärke

½ Päckchen Backpulver

Außerdem:

Kastenform (ca. 25 × 11 cm)

Fett und Mehl für die Form

Puderzucker zum Bestäuben

Zubereitung: ca. 25 Min.
+ ca. 45 Min. Backzeit
+ ca. 1 Std. Abkühlzeit

- Form einfetten und mit Mehl ausstäuben. Ein Ofengitter auf die mittlere Schiene in den Backofen schieben. Ofen auf 180 °C (Umluft 160 °C) vorheizen.

- Die Bananen schälen und in einem hohen Becher mit dem Stabmixer pürieren oder in einer Schüssel mit einer Gabel zu Mus zerdrücken. Eier trennen (siehe Kasten Seite 18). Eiweiße mit den Quirlen des Handrührgeräts zu steifem Schnee schlagen.

- Eigelbe, Butter, Zucker und Zimt in einer Schüssel mit den Quirlen des Handrührgeräts dickschaumig rühren. Bananen und Walnüsse untermischen. Mehl, Stärke und Backpulver mischen. Mehlmischung und Eischnee unter die Buttermasse rühren.

- Teig in die Form füllen. In den Ofen stellen (Topfhandschuhe!) und 45 Minuten backen. Form aus dem Ofen nehmen (Topfhandschuhe!) und den Kuchen darin 10 Minuten abkühlen lassen. Auf ein Kuchengitter stürzen, vollständig abkühlen lassen und mit Puderzucker bestäuben.

Mein Tipp: Für den Kuchen kannst du sehr gut überreife Bananen verwenden – auch solche, die bei euch sonst vielleicht keiner mehr essen mag, weil sie schon braune Stellen haben. Damit schmeckt der Kuchen dann sogar besonders lecker!

Gedeckter Apfelkuchen

- Mehl, Butter, Zucker und 1 Prise Salz in einer Schüssel zu einem glatten Teig verkneten. Den Teig halbieren. Hälften zu Kugeln formen, diese etwas flach drücken, in Frischhaltefolie wickeln und etwa 30 Minuten in den Kühlschrank legen.

- Inzwischen die Äpfel schälen und vierteln, aus den Vierteln die Kerngehäuse herausschneiden. Äpfel mit der Küchenreibe grob raspeln. Raspel in einer Schüssel mit Zitronensaft, Zimt und Rosinen mischen.

- Die Springform einfetten und den Formboden mit Mandelblättchen ausstreuen. Ein Ofengitter auf die mittlere Schiene in den Backofen schieben. Den Ofen auf 180 °C (Umluft 160 °C) vorheizen.

- Ein Teigstück zwischen zwei Bögen Backpapier zu einem Kreis von etwa 28 cm Durchmesser ausrollen. Kreis in die Form legen, dabei einen etwa 2 cm hohen Rand bilden. Äpfel auf dem Teig verteilen. Zweites Teigstück zu einem Kreis von etwa 26 cm Durchmesser ausrollen und als Deckel auf die Äpfel legen. Teigboden und -deckel am Rand zusammendrücken, Rand gerade schneiden. Teigreste zusammenkneten und ausrollen, mit Ausstechformen Motive ausstechen und auf den Teigdeckel legen.

- Kuchen in den Ofen stellen (Topfhandschuhe!) und etwa 45 Minuten backen. Aus dem Ofen nehmen (Topfhandschuhe!) und in der Form abkühlen lassen. Aus der Form lösen, auf eine Kuchenplatte setzen und mit Puderzucker bestäuben.

Für 1 Kuchen (12 Stücke):

450 g Weizenmehl (Type 405)
300 g weiche Butter
120 g Zucker + Salz
8 säuerliche Äpfel (z.B. Gravensteiner oder Cox Orange)
3 EL Zitronensaft
½ TL Zimtpulver
50 g Rosinen

Außerdem:

Springform (26 cm Ø)
Fett und Mandelblättchen für die Form + Teigrolle
Ausstechformen (nicht zu große, Motive nach Belieben)
Puderzucker zum Bestäuben

Zubereitung: ca. 40 Min.
+ ca. 30 Min. Kühlzeit
+ ca. 45 Min. Backzeit
+ ca. 2 Std. Abkühlzeit

Schlemmerschnitten
mit Johannisbeeren

Für 1 Blechkuchen (20 Stücke):

250 g weiche Butter
6 Eier (Größe L)
300 g Zucker (in zwei Schälchen: eines mit 120 g und eines mit 180 g)
4 EL Orangensaft
100 g feine Haferflocken
200 g Weizenmehl (Type 405)
1 TL Backpulver
300 g Rote Johannisbeeren

Außerdem:
Backblech (40 × 30 cm)

Zubereitung: ca. 35 Min.
+ ca. 40 Min. Backzeit
+ ca. 1 Std. Abkühlzeit

- Backofen auf 180 °C (Umluft 160 °C) vorheizen. Backblech mit Backpapier auslegen. Für den Teig 4 Eier trennen (siehe Kasten Seite 18). Eiweiße in einen hohen Rührbecher geben und abgedeckt in den Kühlschrank stellen.

- Übrige 2 Eier aufschlagen und mit Eigelben, Butter und 120 g Zucker in einer Schüssel mit den Quirlen des Handrührgeräts schaumig schlagen. Orangensaft unterrühren. Haferflocken, Mehl und Backpulver unterrühren. Teig etwa fingerdick auf das Backpapier streichen, es bleibt ein Rand frei. Das Blech in den Ofen auf die mittlere Schiene schieben (Topfhandschuhe!). Kuchen 20 Minuten backen.

- Inzwischen die Johannisbeeren waschen, gut trocken tupfen und die Beeren von den Stielen streifen. Eiweiße aus dem Kühlschrank nehmen und zu steifem Schnee schlagen, dabei nach und nach 180 g Zucker einrieseln lassen. Johannisbeeren mit einem Kochlöffel unterheben.

- Kuchen aus dem Ofen nehmen (Topfhandschuhe!) und die Eischneemasse gleichmäßig darauf verteilen. Kuchen wieder in den Ofen schieben und etwa 20 Minuten weiterbacken. Blech aus dem Ofen nehmen (Topfhandschuhe), auf ein Kuchengitter stellen und den Kuchen darauf abkühlen lassen.

Erdbeerkuchen

- Die Mandelblättchen in einer trockenen Pfanne bei mittlerer Hitze goldbraun anrösten, dabei zwischendurch immer wieder umrühren. Auf einen Teller geben und auskühlen lassen. Den Tortenboden auf eine Kuchenplatte legen.

- Die Erdbeeren waschen, die grünen Kelchblätter mithilfe eines kleinen, spitzen Messers entfernen. Die Beeren halbieren oder in Scheiben schneiden und gleichmäßig auf dem Tortenboden verteilen.

- Den Tortenguss nach Packungsanweisung mit Orangensaft und Zucker zubereiten. Den Guss von der Mitte aus gleichmäßig auf dem Kuchen verteilen und fest werden lassen. Abgedeckt kühl stellen.

- Kurz vor dem Servieren die Sahne steif schlagen und in den Spritzbeutel mit Sterntülle füllen. Den Kuchenrand mit Sahnetupfen verzieren und mit Mandelblättchen bestreuen.

Für 1 Kuchen (12 Stücke):

1 EL Mandelblättchen
1 Biskuit-Tortenboden (Fertigprodukt, 26 cm Ø)
500 g Erdbeeren
1 Päckchen klarer Tortenguss
250 ml Orangensaft
1–2 EL Zucker
50 g Sahne

Außerdem:

Spritzbeutel mit Sterntülle

Zubereitung: ca. 20 Min.
+ ca. 15 Min. Gelierzeit

Mein Tipp: Wenn gerade keine Erdbeersaison ist, belege ich den Tortenboden einfach mit anderen Früchten, am liebsten als Tutti-frutti-Torte mit verschiedenen Obstsorten!

Mein Tipp: Du kannst auch den ganzen Teig in eine große Kastenkuchenform füllen und dann etwa 50 Minuten im Ofen lassen. Oder du backst den Teig in zehn Mini-Papier-Kastenförmchen. Diese Küchlein müssen dann nur etwa 25 Minuten im Backofen bleiben.

Kuhflecken-Mini-Kuchen

- Ein Ofengitter auf die mittlere Schiene in den Backofen schieben. Den Ofen auf 180 °C (Umluft 160 °C) vorheizen.

- Eier aufschlagen und mit Butter und Zucker in einer Rührschüssel mit den Quirlen des Handrührgeräts schaumig schlagen. Sahne unterrühren. Mehl und Backpulver dazugeben und kurz unterrühren.

- Die Hälfte des Teigs in eine zweite Schüssel umfüllen. Unter den Teig in einer Schüssel die Schokoraspel und das Kakaopulver mischen.

- Abwechselnd mit einem Esslöffel je einen Klecks hellen und dunklen Teig in die Formen füllen, bis der Teig gleichmäßig auf die drei Formen verteilt ist.

- Die Kuchen in den Ofen stellen (Topfhandschuhe!) und etwa 30 Minuten backen. Stäbchenprobe machen: Bleibt an einem Holzstäbchen, das man in die Mitte des Kuchens steckt, kein Teig mehr kleben, ist der Kuchen fertig. Aus dem Ofen nehmen und in den Formen auf einem Kuchengitter abkühlen lassen. Dann die Kuchen aus den Formen lösen.

- Vanilleglasur und dunkle Kuchenglasur nach Packungsanweisung schmelzen. Kuchen mit Vanilleglasur überziehen und diese leicht antrocknen lassen. Dunkle Glasur mit einem kleinen Löffel als Kuhflecken in unterschiedlicher Größe auf die weiße Glasur tropfen. Glasur trocknen lassen.

Für 3 Kuchen (je 4 Stücke):

4 Eier (Größe M)
250 g weiche Butter
180 g Zucker + 100 g Sahne
300 g Weizenmehl (Type 405)
1 EL Backpulver
50 g Zartbitterschokoraspel
1 EL Kakaopulver
200 g Vanilleglasur (Kuchen- oder Cakepopglasur)
100 g dunkle Kuchenglasur

Außerdem:

3 Kastenformen (je 16 × 6 cm; z.B. Silikon- oder Pappformen)

Zubereitung: ca. 40 Min.
+ ca. 30 Min. Backzeit
+ ca. 30 Min. Abkühlzeit
+ ca. 30 Min. Trocknungszeit

Torten sind nur was für Profis? Von wegen! Conni zeigt dir, wie sie Rühr- und Biskuitkuchen ruck, zuck in echte Hingucker für die Geburtstagstafel verwandelt.

Torten-überraschung

Himbeertorte
mit Mohn

Für 1 Torte (12 Stücke):
Für den Teig:
4 Eier (Größe M)
80 g Weizenmehl
(Type 405)
30 g Speisestärke
1 TL Backpulver
60 g weiche Butter
60 g Zucker
250 g backfertige Mohnfüllung (Fertigprodukt)
150 g Mascarpone
50 g Naturjoghurt
400 g Himbeeren
Puderzucker zum Bestäuben

Außerdem:
Springform (26 cm Ø)
Fett für die Form

Zubereitung: ca. 30 Min.
+ ca. 15 Min. Backzeit
+ ca. 30 Min. Abkühlzeit

• Springform einfetten. Ein Ofengitter auf die mittlere Schiene in den Backofen schieben. Ofen auf 180 °C (Umluft 160 °C) vorheizen. Eier trennen (siehe Kasten Seite 18). Eiweiße zu steifem Schnee schlagen. Mehl, Stärke und Backpulver mischen.

• Eigelbe, Butter und Zucker in einer Rührschüssel mit den Quirlen des Handrührgeräts dickschaumig schlagen. 150 g Mohnfüllung unterrühren. Mehlmischung und Eischnee dazugeben und die Zutaten nur so lange verrühren, bis alles vermischt ist. Teig in die Form füllen. Form in den Ofen stellen und den Biskuit etwa 15 Minuten backen. Herausnehmen und in der Form auf einem Kuchengitter abkühlen lassen.

• Inzwischen Mascarpone, Joghurt und restliche Mohnmischung in einer Schüssel verquirlen. Himbeeren in einem Sieb kurz abbrausen, abtropfen lassen und zum Trocknen auf Küchenpapier ausbreiten.

• Tortenboden aus der Form lösen und auf eine Platte setzen. Creme darauf verstreichen und mit Himbeeren belegen. Torte bis zum Servieren abgedeckt kühl stellen. Mit Puderzucker bestäuben.

Variante: Toll sieht es aus, wenn du die Creme in einen Spritzbeutel mit großer Lochtülle füllst und sie als Tupfen auf den Tortenboden spritzt.

Mein Tipp: Durch die Brausetaler lässt sich der Kuchen nicht so einfach in klassische Stücke schneiden. Deshalb den Kuchen unkonventionell in Stückchen schneiden, die sich gut in die Hand nehmen lassen.

Ufo-Torte

- Für den Rührteig Kirschen auf mehreren Lagen Küchenpapier antauen lassen. Zitrone heiß waschen und trocken reiben, die Schale mit der Küchenreibe fein abreiben. Zitrone halbieren und Saft auspressen. Die Form einfetten und mit Mehl ausstäuben. Ein Ofengitter auf die mittlere Schiene in den Backofen schieben. Ofen auf 180 °C (Umluft 160 °C) vorheizen.

- Butter und 1 Prise Salz in einer Rührschüssel mit den Quirlen des Handrührgeräts auf höchster Stufe cremig schlagen. Zucker und Zitronenschale dazugeben und so lange weiterschlagen, bis der Zucker gelöst ist. Eier nacheinander aufschlagen und jeweils etwa ½ Minute unterrühren.

- Banane mit Zitronensaft in einem hohen Becher mit dem Stabmixer pürieren. Mehl mit Backpulver mischen. Mehlmischung und Bananenpüree abwechselnd unter die Butter-Eier-Masse rühren. Kirschen mit einem Teigspatel unterheben.

- Teig in Form füllen. In den Ofen stellen (Topfhandschuhe!) und etwa 45 Minuten backen. Aus dem Ofen nehmen (Topfhandschuhe!) und in der Form auf einem Kuchengitter abkühlen lassen. Aus der Form lösen und auf eine Tortenplatte setzen.

- Für die Deko Puderzucker mit so viel Zitronensaft verrühren, dass ein dickflüssiger Guss entsteht. Torte von der Mitte aus mit dem Guss überziehen. Brausetaler dicht an dicht an den noch feuchten Guss drücken. Guss trocknen lassen.

Für 1 Torte (12 Stücke):
Für den Rührteig:
350 g TK-Sauerkirschen
1 Bio-Zitrone
125 g weiche Butter
Salz + 80 g Zucker
3 Eier (Größe M)
175 g reifes Bananenfruchtfleisch (ca. 1 große Banane)
150 g Weizenmehl (Type 405)
2 gehäufte TL Backpulver

Für die Deko:
200 g Puderzucker
ca. 4 EL Zitronensaft
50 g bunte Brausetaler

Außerdem:
Springform (22–24 cm Ø)
Fett und Mehl für die Form

Zubereitung: ca. 20 Min.
+ ca. 45 Min. Backzeit
+ ca. 1 Std. Abkühlzeit

TORTENÜBERRASCHUNG > 41

Märchenschloss mit Himbeeren

Für 1 Torte (12 Stücke):

Springform (26 cm Ø)
6 Eier (Größe M)
250 g weiche Butter
200 g Zucker + 350 g Ricotta
450 g Weizenmehl
(Type 405)
1 Päckchen Backpulver

Für Creme und Deko:

150 g Himbeeren
300 g Frischkäse
2 Päckchen Vanillezucker
150 g Sahne
100 g rosa Kuchenglasur
4 Eiswaffeltüten
ca. 1 EL Zuckerstreudekor
8 Waffelröllchen
12 Mini-Butterkekse

Zubereitung: ca. 1 Std.
+ ca. 55 Min. Backzeit
+ ca. 1 Std. Abkühlzeit

- Form am Boden mit Backpapier auslegen. Ein Ofengitter auf die mittlere Schiene in den Backofen schieben. Ofen auf 180 °C (Umluft 160 °C) vorheizen.

- Eier aufschlagen und mit Butter und Zucker in einer Rührschüssel mit den Quirlen des Handrührgeräts schaumig rühren. Ricotta unterrühren. Mehl und Backpulver mischen und kurz unterrühren. Teig in die Form füllen. In den Ofen stellen (Topfhandschuhe!) und etwa 55 Minuten backen.

- Aus dem Ofen nehmen (Topfhandschuhe!) und Kuchen in der Form auf einem Kuchengitter abkühlen lassen. Dann auf eine Tortenplatte stürzen und das Backpapier abziehen.

- Für die Creme die Himbeeren in einem Sieb kurz abbrausen und abtropfen lassen. Beeren mit Frischkäse und Vanillezucker in einem hohen Becher mit dem Stabmixer pürieren. Sahne steif schlagen, Beeren-Frischkäse-Mischung unterrühren. Kuchen mit der Creme bestreichen.

- Für die Deko Kuchenglasur nach Packungsanweisung schmelzen. Die Waffeltüten damit bestreichen und rundum etwas Zuckerdekor andrücken. Glasur trocknen lassen. Torte mit Waffeltüten, Waffelröllchen und Mini-Keksen wie auf dem Bild dekorieren.

Rote Maulwurftorte

Für 1 Torte (12 Stücke):

Für den Teig:

5 Eier (Größe M; in Eiweiß und Eigelb getrennt, siehe Kasten Seite 18)
125 g weiche Butter
125 g Zucker
220 g Weizenmehl (Type 405)
2 gestrichene TL Backpulver
50 g Kakaopulver

Für die Füllung:

500 g rote Grütze (aus dem Kühlregal; zimmerwarm)
150 g Naturjoghurt (zimmerwarm)
1 Päckchen Sofort-Gelatine (30 g, für 500 ml Flüssigkeit; zum Einrühren ohne Erwärmen, z.B. Gelatine fix)
200 g Sahne (zimmerwarm)

Außerdem:

Springform (26 cm Ø; Formboden mit Backpapier belegt)

Zubereitung: ca. 45 Min.
+ ca. 30 Min. Backzeit
+ ca. 1 Std. Abkühlzeit
+ mind. 2 Std. Kühlzeit

1. Backofen auf 180 °C (Umluft 160 °C) vorheizen. Eiweiße steif schlagen. Butter, Zucker und Eigelbe cremig rühren. Mehl, Backpulver und Kakao mischen, abwechselnd mit Eischnee unterrühren.

2. Teig in die Form füllen, im Ofen im unteren Drittel 30 Minuten backen. Abkühlen lassen. Aus der Form stürzen, Papier abziehen. Mit einem Esslöffel 1 cm tief aushöhlen, dabei einen kleinen Rand lassen.

3. Ausgehöhlte Kuchenstücke zerkrümeln. 300 g Grütze mit dem Joghurt verrühren. Gelatine gut unterrühren. Sahne steif schlagen und mit der Hälfte der Kuchenkrümel unterrühren.

4. Restliche Grütze auf dem ausgehöhlten Tortenboden verstreichen. Joghurtmasse daraufgeben und kuppelförmig verstreichen. Restliche Kuchenkrümel gleichmäßig darauf verteilen.

5. Die Torte abgedeckt mindestens 2 Stunden in den Kühlschrank stellen. Am besten jedoch schon am Vortag zubereiten, denn gut durchgezogen schmeckt sie am besten und lässt sich leichter schneiden.

Tierisch süß

Ja, sind wir hier denn im Zoo? Beim Blick auf Connis Geburtstagstafel könnte man es fast meinen: Mit Eulen, Affen, Fröschen und Delfinen tummeln sich hier allerhand tierisch süße Gesellen. Die passende Geräuschkulisse müsst ihr allerdings selbst machen!

Eulen-Muffins

Für 12 Muffins • Zubereitung: 40 Min. + 20 Min. Backzeit + 30 Min. Abkühlzeit

Muffinblech (12 große Mulden) + Fett für das Muffinblech + 2 Eier (Größe M)
100 g weiche Butter + 100 g Zucker + 150 g Schmand + 100 g Schokoraspel
200 g Weizenmehl (Type 405) + 1 TL Backpulver + 200 g Puderzucker
1 EL Kakaopulver + 24 Schokoladenkekse mit weißer Füllung (je ca. 4 cm Ø)
24 bunte Schokolinsen für die Pupillen + 12 rote Schokolinsen für die Schnäbel

- Ein Ofengitter auf die mittlere Schiene in den Backofen schieben. Ofen auf 180 °C (Umluft 160 °C) vorheizen. Die Mulden des Muffinblechs einfetten.

- Eier aufschlagen und mit Butter und Zucker in einer Schüssel mit den Quirlen des Handrührgeräts schaumig rühren. Schmand und Schokoraspel unterrühren. Mehl und Backpulver kurz unterrühren.

- Teig in die Mulden des Muffinblechs füllen. In den Ofen stellen (Topfhandschuhe!) und 20 Minuten backen. Herausnehmen (Topfhandschuhe!), Muffins aus der Form lösen und abkühlen lassen. Inzwischen Puderzucker und Kakao vermischen und mit 3 bis 4 EL Wasser zu einem dickflüssigen Guss verrühren.

- Kekse so auseinanderschneiden, dass die Füllung an einer Hälfte des Kekses bleibt und die andere Hälfte ohne Füllung ist. Die 24 Kekshälften mit der weißen Füllung für die Augen beiseitelegen. Für die Ohren 12 Kekshälften ohne Füllung vorsichtig auf einem Brett mit einem scharfen Messer jeweils halbieren (die übrigen 12 Kekshälften z. B. für die Affen-Muffins rechts verwenden).

Affen-Muffins

Für 12 Muffins • Zubereitung: 40 Min. + 20 Min. Backzeit + 30 Min. Abkühlzeit

Muffinblech (12 große Mulden)
Fett für das Muffinblech + 2 Eier
100 g weiche Butter + 100 g Zucker
150 g Schmand + 100 g Schokoraspel
200 g Mehl + 1 TL Backpulver
200 g Puderzucker + 1 EL Kakaopulver
24 runde Backoblaten (je 40 mm Ø)
12 runde Backoblaten (je 50 mm Ø)
24 Zuckeraugen + braune Zuckerschrift

• Muffins und Guss zubereiten wie bei den Eulen-Muffins links in den ersten drei Schritten beschrieben.

• 12 Backoblaten mit je 40 mm Durchmesser auf ein Brett legen. Die größeren Oblaten mit etwas Zuckerguss unterhalb versetzt auf die kleineren Oblaten kleben. Auf die kleinen Oblaten mit etwas Zuckerguss je 2 Zuckeraugen kleben. Je ein Näschen und einen Mund mit brauner Zuckerschrift aufmalen.

• Muffins mit Guss bestreichen und die Affengesichter darauf festdrücken. Restliche Oblaten halbieren und seitlich als Ohren in die Muffins stecken, nach Belieben vorher mit kleinen Stücken Schokokeks (z. B. mit den Keksresten von den Eulen-Muffins links) bekleben.

• Die Schokolinsen als Pupillen mit einem Tropfen Kakao-Zucker-Guss auf die Kekse mit der weißen Füllung kleben.

• Die Muffins mit dem Guss bestreichen. Je zwei Keks-Eulenaugen auf jeden Muffin setzen und festdrücken.

• Dann oberhalb der Augen mit einem scharfen Messer zwei kleine Einschnitte in jeden Muffin einritzen und vorsichtig je 2 Kekshälften als Ohren hineinstecken.

• Zwischen den Augen je 1 rote Schokolinse als Schnabel hineinstecken.

Bananendelfine

Für 6 Delfine · Zubereitung: ca. 15 Min.

6 Mini-Bananen + 6 kleine runde Schoko- oder Zuckergusskugeln
wasserfester Stift + 6–12 runde Backoblaten (je 40 mm Ø) + Mini-Schokolinsen

- Aus Backoblaten mit einer Schere für jeden Delfin eine halbrunde Rückenflosse und zwei Brustflossen ausschneiden.

- Bei jeder Banane die Schale an der oberen Seite leicht mit einem scharfen Messer einritzen. Die Oblaten-Rückenflosse hineinstecken.

- Dann die Bananen an den unteren Seiten jeweils rechts und links ebenfalls leicht einritzen und die Oblaten-Brustflossen hineinstecken.

- Sechs Gläser oder durchsichtige Becher je etwa zur Hälfte mit Schokolinsen füllen und die Bananendelfine mit dem Hinterteil hineinstellen.

- Für das Delfinmaul jede Banane jeweils am Stielansatz gut 1 cm tief mittig einschneiden. Dieses „Maul" leicht öffnen und 1 runde Schoko- oder Zuckergusskugel dazwischenklemmen.

- Auf jede Banane seitlich rechts und links vom Delfinmaul mit einem wasserfesten Stift zwei runde Augen auf die Bananenschale aufmalen.

Cakepop-Frösche

Für 8 Frösche • Zubereitung: ca. 1 Std. + ca. 30 Min. Trockenzeit

200 g Rührkuchen (Sandkuchen oder Zitronenkuchen, aus dem Supermarkt oder selbst gebacken) + 100 g Doppelrahmfrischkäse + 8 kleine Waffelbecher mit Schokorand + 90 g Puderzucker + 2–3 EL Zitronensaft + grüne Speisefarbe 16 Zuckeraugen + rote Zuckerschrift

- Den Kuchen in einer großen Schüssel mit den Fingern ganz fein zerbröseln. Den Frischkäse dazugeben und alles mit den Fingern zu einer glatten Masse verkneten.

- Die Waffelbecher nebeneinander auf ein Küchenbrett stellen. Aus der Kuchenmasse 8 Kugeln (etwa so groß wie Tischtennisbälle) formen. Dafür jeweils etwas Masse mit den Fingern abzupfen und zwischen den Handflächen rund rollen. Fertige Kugeln auf die Waffelbecher setzen.

- Den Puderzucker in einem Schälchen mit so viel Zitronensaft und 1 bis 2 Tropfen grüner Speisefarbe verrühren, dass ein dickflüssiger, grüner Guss entsteht. Ist der Guss zu flüssig, einfach mehr Puderzucker unterrühren. Ist er zu fest, noch etwas mehr Zitronensaft.

- Die Frösche fertigstellen. Nacheinander auf jede Kuchenkugel jeweils 1 bis 2 TL grünen Zuckerguss geben und mit einem Messer oder Holzspatel verstreichen, dabei den Becher mit der anderen Hand festhalten.

- Den Guss 2 bis 3 Minuten nur leicht antrocknen lassen. Dann vorsichtig je 2 Zuckeraugen oben auf die Kugeln in den noch leicht feuchten Zuckerguss drücken.

- Den Zuckerguss vollständig trocknen lassen. Zum Schluss mit roter Zuckerschrift auf jeden Frosch ein breites Froschmaul aufmalen.

Geburtstagstorte

Für 1 Torte (12 Stücke):

450 g weiße Kuvertüre
350 g Weizenmehl (Type 405)
1 Päckchen Backpulver
6 Eier (Größe M)
300 g weiche Butter
150 g Zucker
1 Päckchen Vanillezucker
gelbe und rote Speisefarbe
(Tube; nach Belieben)
ca. 20 g Marzipanrohmasse
6 weiße Mini-Schokoküsse

Außerdem:

Springform (26 cm Ø)
Fett und Mehl für die Form

Zubereitung: ca. 45 Min.
+ ca. 50 Min. Backzeit
+ ca. 1 Std. Abkühlzeit
+ ca. 30 Min. Trockenzeit

- Form einfetten und mit Mehl ausstäuben. Ein Ofengitter auf die mittlere Schiene in den Backofen schieben. Ofen auf 180 °C (Umluft 160 °C) vorheizen.

- Kuvertüre klein schneiden, 100 g davon nach Packungsanweisung schmelzen. Mehl mit Backpulver mischen. Eier trennen (siehe Kasten Seite 18).

- Eiweiße zu steifem Schnee schlagen. Eigelbe mit Butter, Zucker und Vanillezucker in einer Schüssel mit den Quirlen des Handrührgeräts dickschaumig schlagen. Geschmolzene Kuvertüre unterrühren. Mehlmischung und Eischnee nur kurz unterrühren.

- Teig in die Form füllen. In den Ofen stellen (Topfhandschuhe!) und etwa 50 Minuten backen. Aus dem Ofen nehmen (Topfhandschuhe!) und in der Form abkühlen lassen.

- Marzipan mit je 1 bis 2 Tropfen gelber und roter Speisefarbe verkneten, sodass es orange ist. Marzipan in 6 Stücke teilen, jedes Stück zu einer Kerzenflamme formen und auf 1 Schokokuss drücken.

- Übrige Kuvertüre (350 g) schmelzen, mittig auf den Kuchen geben und mithilfe eines langen Messers oder einer Palette auf dem Kuchen verstreichen. Schokokuss-Kerzen auf den Kuchen setzen. Kuvertüre fest werden lassen.

Mandarinentorte

- Den Rand der Springform auf eine Tortenplatte setzen. Mandarinen in ein Sieb geben, dabei den Saft in einer Schüssel auffangen.

- Mascarpone, Joghurt, Zucker und Zitronensaft in einer Schüssel mit den Quirlen des Handrührgeräts etwa 3 Minuten schaumig schlagen. Zwei Drittel (etwa 300 g) von den abgetropften Mandarinen unter die Creme rühren.

- Die Hälfte der Löffelbiskuits jeweils einzeln kurz in den aufgefangenen Mandarinensaft tunken und in den Springformrand legen. Es soll ein geschlossener Tortenboden entstehen – um kleine Lücken zu schließen, die Löffelbiskuits eventuell in Stücke brechen.

- Etwa ein Drittel der Creme auf die Biskuits löffeln und glatt streichen. Die übrigen Löffelbiskuits wieder kurz in Saft eintunken und auf die Creme in der Form schichten. Die restliche Creme bis auf etwa 4 EL (für den Kuchenrand!) auf der Torte verstreichen.

- Die Torte mindestens 2 Stunden in den Kühlschrank stellen, sie kann auch schon am Vortag zubereitet werden. Restliche Creme und übrige Mandarinen abdecken und in den Kühlschrank stellen.

- Die Torte mit einem Messer vom Springformrand lösen, den Springformrand abnehmen. Den Tortenrand mit der restlichen Creme bestreichen. Die restlichen Mandarinen als Herz auf den Kuchen legen.

Für 1 Torte (12 Stücke):

1 große Dose Mandarinen
(480 g Abtropfgewicht)
500 g Mascarpone
200 g Naturjoghurt
80 g Zucker
2 EL Zitronensaft
300 g Löffelbiskuits

Außerdem:

Springformrand (26 cm Ø)

Zubereitung: ca. 30 Min.
+ ca. 2 Std. Kühlzeit

Schnuckelkram

Whoopies, Cupcakes oder Cookies: Kleine Leckereien auf die Hand sorgen dafür, dass sich deine Gäste auch schnell mal zwischen zwei Spielen stärken können.

Whoopies mit Himbeercreme

Für 20 Whoopies:
Für den Teig:
150 g Weizenmehl (Type 405)
50 g gemahlene Mandeln
1 Ei (Größe L)
100 g weiche Butter
80 g brauner Zucker
1 TL Vanillezucker

Für die Creme:
50 g Himbeeren
150 g Mascarpone
50 g Sahne

Außerdem:
Spritzbeutel mit kleiner Sterntülle (nach Belieben)

Zubereitung: ca. 20 Min.
+ mind. 2 Std. Kühlzeit
+ ca. 20 Min. Backzeit

- Für den Teig Mehl und Mandeln in einer Schüssel mischen. Ei aufschlagen und mit Butter, Zucker und Vanillezucker hinzufügen. Alles mit den Knethaken des Handrührgeräts zügig zu einem glatten Teig verkneten. Den weichen Teig auf Backpapier zu einer Rolle (etwa 28 cm lang) formen. Die Teigrolle in das Backpapier einwickeln und im Kühlschrank mindestens 2 Stunden ruhen lassen, bis er schnittfest ist.

- Den Backofen auf 180 °C (Umluft 160 °C) vorheizen. Ein Backblech mit Backpapier auslegen. Die Teigrolle in 40 dünne Scheiben schneiden. Die Teigscheiben nebeneinander auf das Blech legen. In den Ofen auf die mittlere Schiene schieben (Topfhandschuhe!) und etwa 20 Minuten backen. Blech aus dem Ofen nehmen (Topfhandschuhe!). Teigtaler mithilfe eines Pfannenwenders auf ein Kuchengitter setzen und vollständig abkühlen lassen.

- Inzwischen für die Creme die Himbeeren in einem Sieb kurz abbrausen und abtropfen lassen. Mascarpone, Sahne und Himbeeren in einer Schüssel mit den Quirlen des Handrührgeräts cremig aufschlagen. Creme nach Belieben in einen Spritzbeutel mit kleiner Sterntülle füllen. Auf 20 Taler je 1 kleinen Cremetupfen spritzen oder die Creme mit einem Teelöffel daraufgeben. Je 1 Teigtaler daraufsetzen.

Vanillemuffins mit Heidelbeeren

Für 12 Muffins:

300 g Weizenmehl (Type 405)
3 gestrichene TL Backpulver
2 Eier (Größe M)
150 g Zucker
1 Päckchen Vanillezucker
Salz
250 g Vanillepudding (aus dem Kühlregal)
4 EL Öl (geschmacksneutrale Sorte, z.B. Rapsöl)
250 g TK-Heidelbeeren

Außerdem:

Muffinblech (12 große Mulden)
12 Papierbackförmchen
Puderzucker zum Bestäuben

Zubereitung: ca. 30 Min.
+ ca. 30 Min. Backzeit
+ ca. 1 Std. Abkühlzeit

- Ein Ofengitter auf die mittlere Schiene in den Backofen schieben. Ofen auf 180 °C (Umluft 160 °C) vorheizen. Die Papierförmchen in die Mulden des Muffinblechs setzen.

- Mehl mit Backpulver in einer Rührschüssel mischen. Eier aufschlagen und mit Zucker, Vanillezucker, 1 Prise Salz, Pudding und Öl hinzufügen. Alles mit den Quirlen des Handrührgeräts erst kurz auf niedrigster Stufe verrühren, dann auf höchster Stufe etwa 2 Minuten zu einem glatten Teig verarbeiten.

- Die gefrorenen Heidelbeeren vorsichtig mit einem Teigschaber unterheben – nicht zu stark rühren, die Früchte färben sonst den Teig lila.

- Den Teig gleichmäßig mit einem Esslöffel in die Papierförmchen verteilen. Muffinblech in den Ofen stellen (Topfhandschuhe!) und Muffins etwa 30 Minuten backen.

- Das Muffinblech aus dem Ofen nehmen (Topfhandschuhe!) und die Muffins darin etwa 10 Minuten abkühlen lassen. Dann die Muffins in den Papierförmchen aus dem Blech lösen und auf einem Kuchengitter vollständig abkühlen lassen. Vanillemuffins mit Puderzucker bestäuben.

Schokoschnitten
mit Milchfüllung

Für 12 Schnitten:

Für den Biskuit:

4 Eier (Größe M)

120 g Zucker

100 g Weizenmehl (Type 405)

30 g Kakaopulver

Für die Füllung:

200 g Magerquark

100 g gesüßte Kondensmilch

200 g Sahne

1 Päckchen Vanillezucker

1 Päckchen Sahnesteif

Außerdem:

Backblech (40 × 30 cm)

Zubereitung: ca. 40 Min.
+ ca. 10 Min. Backzeit
+ ca. 30 Min. Abkühlzeit
+ mind. 2 Std. Kühlzeit

- Backofen auf 200 °C (keine Umluft!) vorheizen. Das Backblech mit Backpapier auslegen.

- Für den Biskuit Eier in eine Rührschüssel aufschlagen und den Zucker dazugeben. Die Zutaten mit den Quirlen des Handrührgeräts auf höchster Stufe etwa 5 Minuten dickcremig schlagen. Mehl mit Kakaopulver mischen, die Mischung auf die Eiercreme geben und mit einem Schneebesen unterheben.

- Die Biskuitmasse auf das Blech geben und glatt streichen. In den Ofen auf die mittlere Schiene schieben (Topfhandschuhe!) und 8 bis 10 Minuten backen. Herausnehmen (Topfhandschuhe!). Die Biskuitplatte mit dem Backpapier vom Backblech auf ein Kuchengitter ziehen und vollständig abkühlen lassen.

- Für die Füllung Quark mit Kondensmilch verrühren. Sahne mit Vanillezucker und Sahnesteif steif schlagen und unter die Quarkmasse heben.

- Die Biskuitplatte umdrehen und das Backpapier abziehen. Biskuit längs halbieren. Die Creme auf eine Biskuithälfte geben und gleichmäßig glatt streichen. Die zweite Biskuithälfte darauflegen. Mindestens 2 Stunden in den Kühlschrank stellen. Zum Servieren in etwa 8 × 5 cm große Rechtecke schneiden.

Schaf-Cupcakes

Für 12 Muffins:

Für den Teig:

150 g weiche Butter

120 g Zucker + Salz

3 Eier (Größe M)

200 g Weizenmehl (Type 405)

1½ gestrichene TL Backpulver

1 EL Milch

Für Topping und Deko:

70 g weiche Butter

80 g Puderzucker

200 g Doppelrahmfrischkäse

1–2 Lakritzschnecken

12 Mini-Schokoküsse

200 g Mini-Marshmallows

Außerdem:

Muffinblech (12 große Mulden)

12 Papierbackförmchen

Gefrierbeutel

Zubereitung: ca. 1 Std.

+ ca. 25 Min. Backzeit

+ ca. 1 Std. Abkühlzeit

- Ein Ofengitter auf die mittlere Schiene in den Backofen schieben. Ofen auf 180 °C (Umluft 160 °C) vorheizen. Die Papierförmchen in die Mulden des Muffinblechs setzen.

- Für den Teig Butter, Zucker und 1 Prise Salz in einer Schüssel mit den Quirlen des Handrührgeräts auf höchster Stufe cremig rühren. Eier nacheinander aufschlagen und je etwa ½ Minute unterrühren. Mehl mit Backpulver mischen und in 2 Portionen kurz auf mittlerer Stufe unterrühren. Milch kurz unterrühren.

- Teig gleichmäßig mit einem Esslöffel in die Förmchen geben. In den Ofen stellen (Topfhandschuhe!) und etwa 25 Minuten backen. Muffinblech aus dem Ofen nehmen (Topfhandschuhe!) und die Muffins darin etwa 10 Minuten abkühlen lassen. Muffins in den Förmchen aus dem Blech lösen und auf einem Kuchengitter vollständig abkühlen lassen.

- Für das Topping Butter und Puderzucker mit den Quirlen des Handrührgeräts auf höchster Stufe etwa 8 Minuten aufschlagen. Frischkäse unterrühren. Lakritzschnecke(n) aufrollen und 24 kleine Stücke für die Pupillen abschneiden. Vom Topping 3 EL in den Gefrierbeutel füllen. Übriges Topping auf die Cupcakes streichen. Je 1 Schaumkuss als Kopf in das Topping drücken und Marshmallows als Wolle darum herum verteilen. Vom Gefrierbeutel eine kleine Ecke als Spritzöffnung abschneiden. Mit dem Topping je 2 Augen auf die Schaumkuss-Köpfe spritzen und diese mit je 1 Lakritzstück als Pupille belegen.

Connis Lieblingsspiele

Egal, ob die Sonne scheint oder es eher trüb ist: Am liebsten spielt Conni mit ihren Freunden draußen, denn dort hat die Geburtstagsgesellschaft viel Platz zum Toben. Und wenn das Wetter wirklich mal richtig mies ist? Dann gibt's ein Schokokusstheater (siehe Seite 66)!

Museum (drinnen und draußen)

- Ein paar Kinder suchen sich einen Platz, an dem sie sich als Museumsstück aufstellen und dann nicht mehr bewegen. Sie versuchen zum Beispiel ein Tier, einen Beruf oder einen Gegenstand darzustellen.

- Die übrigen Kinder (mindestens zwei) sind Museumsbesucher, die einen Rundgang durchs Museum machen und zu raten versuchen, was welches Kind darstellt. Dann werden die Rollen getauscht.

Watteträger (drinnen und draußen)

Ihr braucht **eine Packung Watte, für jedes Kind einen Strohhalm** und **vier Schüsseln**. Zupft Watte in walnussgroße Stücke und verteilt diese in zwei Schüsseln, sodass in jeder Schüssel die gleiche Anzahl an Wattebäuschen ist.

- Bildet zwei Gruppen in Reihe. Jede Gruppe hat eine Wattebausch-Schüssel, in einigen Metern Abstand steht eine leere Schüssel.

- Eine neutrale Person gibt das Start- und Stoppkommando. Das vordere Kind saugt einen Wattebausch mit dem Strohhalm an, trägt ihn zur leeren Schüssel, saust zurück und stellt sich wieder an. Sobald das Kind zurück ist, startet das nächste. Bei Stopp werden die gesammelten Wattebäusche gezählt – unterwegs verlorene zählen nicht mit!

Ball-Slalom (draußen)

Steckt eine **Slalomstrecke** ab: Sammelt zum Beispiel dicke Zweige und steckt diese im Abstand von 1 bis 2 Metern in die Erde. Ihr braucht noch einen **Ball** und eine **Stoppuhr**.

- Stellt euch in einer Reihe vor der Slalomstrecke auf. Das erste Kind läuft los, umrundet dabei jedes Hindernis und macht vor, wie der Ball transportiert werden soll: etwa mit den Händen oder dem Fuß rollen, über Kopf tragen, ihn hüpfen lassen, usw.

- Jedes Kind läuft die Strecke genauso wie gezeigt, dabei wird die Zeit gestoppt. Sind alle durch, zeigt das nächste Kind eine Transportart.

SCHNUCKELKRAM > 65

Geburtstagstheater

mit Schokokuss-Schauspielern

Für 1 Theaterbühne · Herstellung: ca. 40 Min.

1 Schuhkarton (ohne Deckel) + Lineal + Cutter + Motiv-Fotokarton (am besten verschiedene Motive) + Schere + Kleber + 14 weiße Klebepunkte (ca. 32 mm Durchmesser) ABC-Stempelset und Stempelkissen (nach Belieben) + Filzstift + Goldpapier 3 × 3 cm ca. 30 cm Pomponborte

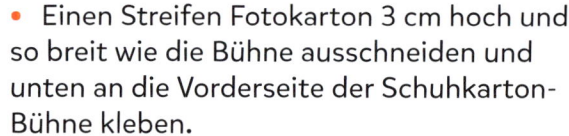

- **Für die Bühne** in den Boden des Schuhkartons ein Rechteck einzeichnen: Rechts, links und unten sollen 3 cm Rand stehen bleiben, oben 2 cm. Das Rechteck mit dem Cutter, am besten auf einer Schneidematte, ausschneiden (einen Erwachsenen helfen lassen!). Der Karton ist jetzt das Grundgerüst für die Bühne.

- Einen Streifen Fotokarton 3 cm hoch und so breit wie die Bühne ausschneiden und unten an die Vorderseite der Schuhkarton-Bühne kleben.

- Für das Kopfteil einen Halbkreis auf Fotokarton aufzeichnen, am besten mithilfe einer umgedrehten Schüssel. Die gerade Kante soll etwa so breit sein wie der Schuhkarton. Kopfteil ausschneiden.

- Auf 7 weiße Klebepunkte das Wort THEATER entweder aufstempeln oder mit Filzstift aufmalen. Jeweils erst einen weißen Klebepunkt auf das Kopfteil kleben und darauf einen bestempelten bzw. bemalten Klebepunkt (damit der Fotokarton nicht durchscheint).

- Einen Kreis von etwa 5 cm aus Fotokarton ausschneiden (weißen Karton mit Filzstift nach Belieben bemalen). Aus Goldpapier eine kleine Krone ausschneiden und mittig in den Kreis kleben.

Für die Schauspieler:

Holzschaschlikspieße
Mini-Schaumküsse
Puderzucker
Zitronensaft
Puffreis
Fruchtgummibänder
bunte Zuckerschrift
Pralinenkonfektförmchen
Lakritzschnecken
Fondant

• Das Kopfteil des Theaters oben an die Vorderseite der Bühne kleben. Die Pomponborte so auf die Rückseite des Schuhkartons kleben, dass sie unter dem Kopfteil herausschaut.

• Für die Seitensäulen Fotokarton etwa 4 cm breit und etwas höher als den Schuhkarton ausschneiden, dabei oben rund schneiden. Die Säulen rechts und links an die Vorderseite der Bühne kleben.

• **Für die Schauspieler** jeweils auf die spitze Seite jedes Schaschlikspießes einen Schaumkuss stecken.

• Als „Kleber" für die Dekoration Puderzucker mit so viel Zitronensaft verrühren, dass ein dickflüssiger Guss entsteht (für 100 g Puderzucker reicht ½ bis 1 EL Zitronensaft!).

• Die Schaumküsse mit Süßigkeiten verzieren, zum Beispiel Puffreis als Lockenwickler oder Fruchtgummibänder als Pagenkopf mit Zuckerguss aufkleben. Oder mit bunter Zuckerschrift eine Langhaarfrisur aufmalen. Pralinenkonfektförmchen werden umgedreht aufgesetzt zu modischen Hüten.

• Mit Zuckerschrift, fertigen Zuckermündern, Lakritzschneckenstückchen und Fondant lassen sich die Gesichter individuell gestalten.

Zauberstäbe
kunterbunt

Für 18 Stück:
125 g helle Kuchenglasur
18 Grissini-Stangen
5 EL buntes Zuckerstreudekor (z. B. Streusel, Sterne)
18 Mini-Butterkekse
bunte Zuckerschrift

Außerdem:
Backpinsel

Zubereitung: ca. 20 Min.

- Die Kuchenglasur nach Packungsanweisung schmelzen. Ein Backblech zum Auffangen von überschüssigem Streudekor bereitstellen.

- Die Grissini einzeln nacheinander überziehen und dekorieren: Dafür jeweils an einem Ende festhalten und mithilfe eines Backpinsels rundum mit der Glasur bestreichen (das Festhalt-Ende bleibt frei).

- Die bestrichene Stange über das Backblech halten und nach Belieben mit Streudekor bestreuen, dabei am oberen Ende etwa 4 cm freilassen. Einen Mini-Butterkeks längs an das freigelassene Ende kleben.

- Die Zauberstäbe auf Backpapier trocknen lassen. Mit der Zuckerschrift nach Belieben Buchstaben, Worte, Symbole oder Zahlen auf die Kekse schreiben.

Mein Tipp: Damit die Dekoration und die Kekse an den Grissini-Stangen halten, muss die Glasur beim Aufstreuen beziehungsweise Ankleben unbedingt noch feucht sein. Deshalb immer eine Stange nach der anderen glasieren und sofort dekorieren – die Glasur zwischendurch bei Bedarf einfach nochmals schmelzen.

Lolli-Schnecken mit Konfitüre

Für 30 Stück:

5 quadratische Scheiben TK-Blätterteig (ca. 225 g)
ca. 50 g Zucker zum Wälzen
2–3 EL Aprikosen- oder Erdbeerkonfitüre
30 backfeste Holz- oder Lollipop-Stiele

Zubereitung: ca. 15 Min.
+ ca. 10 Min. Auftauzeit
+ ca. 10 Min. Backzeit
+ ca. 15 Min. Abkühlzeit

- Die Blätterteigscheiben nebeneinander auf die Arbeitsfläche legen und etwa 10 Minuten auftauen lassen. Zucker zum Wälzen auf einen Teller geben. Den Backofen auf 200 °C (Umluft 180 °C) vorheizen. Ein Backblech mit Backpapier auslegen.

- Jede Blätterteigscheibe dünn und gleichmäßig mit etwas Konfitüre bestreichen und dann in 6 Streifen schneiden. Die Streifen schneckenförmig aufrollen. Die Außenränder der Schnecken rundum mit etwas Wasser befeuchten und in Zucker wälzen. In jede Teigschnecke einen Holz- oder Lollipop-Stiel stecken. Die Schnecken auf das Backblech legen.

- Das Blech in den Ofen auf die mittlere Schiene schieben (Topfhandschuhe!) und die Schnecken etwa 10 Minuten backen. Herausnehmen (Topfhandschuhe!) und die Schnecken auf einem Kuchengitter vollständig abkühlen lassen.

Mein Tipp: Statt Konfitüre nehme ich auch gern Schokostreusel für die Schnecken – die Schokoschnecken esse ich am liebsten noch lauwarm!

Flocken-Cookies

1. Den Backofen auf 160 °C (Umluft 140 °C) vorheizen. Ein Backblech mit Backpapier auslegen. Schokolade und Rosinen in feine Stückchen hacken und in einer Schüssel vermischen.

2. Mehl und Flocken unter die Schokoladenmischung mischen. Butter, Zucker, 1 Prise Salz und Zitronenschale in einer Rührschüssel mit den Quirlen des Handrührgeräts schaumig schlagen.

3. Das Ei aufschlagen und etwa 1 Minute unter die Butter-Zucker-Masse rühren. Die Flockenmischung daraufgeben und mit einem Teigschaber sorgfältig unterheben.

4. Den Teig mit zwei Esslöffeln als 9 gleich große, runden Häufchen auf das Backblech setzen. Dabei einen großen Abstand zwischen den Häufchen lassen.

5. Die Teighäufchen mit einem in Wasser getauchten Löffel zu flachen Cookies verstreichen. Blech in den Ofen auf die mittlere Schiene schieben (Topfhandschuhe!) und die Cookies etwa 25 Minuten backen.

Für 9 große Cookies:

50 g weiße Schokolade
50 g Rosinen
50 g Weizenmehl (Type 405)
100 g 5-Korn-Flockenmischung
(z.B. Hafer, Weizen, Roggen, Gerste, Dinkel)
100 g weiche Butter
40 g Zucker
Salz
1 TL abgeriebene Bio-Zitronenschale
1 Ei (Größe M)

Zubereitung: ca. 20 Min.
+ ca. 25 Min. Backzeit
+ ca. 15 Min. Abkühlzeit

6. Blech aus dem Ofen nehmen (Topfhandschuhe!). Die Cookies mitsamt dem Backpapier auf ein Kuchengitter ziehen und vollständig abkühlen lassen.

Tassenkäsekuchen mit Lieblingsbeeren

Für 6 Tassenkuchen:

75 g Lieblingsbeeren (frisch oder tiefgekühlt)
375 g Magerquark
150 g Sahne
3 Eier (Größe M)
100 g Zucker
1 Päckchen Vanillezucker
60 g Speisestärke
3 EL Zitronensaft

Außerdem:

6 ofenfeste Tassen (je ca. 250 ml Inhalt)
Fett für die Tassen
Puderzucker zum Bestäuben

Zubereitung: 10 Min.
+ ca. 35 Min. Backzeit
+ ca. 15 Min. Abkühlzeit

- Den Backofen auf 180 °C (Umluft 160 °C) vorheizen. Die Tassen leicht einfetten. Falls frische Beeren verwendet werden, diese in einen Sieb vorsichtig kalt abbrausen und sehr gut abtropfen lassen.

- Den Quark mit der Sahne in einer Schüssel verrühren. Die Eier aufschlagen und gut unter die Quarkmischung rühren. Zucker, Vanillezucker und Speisestärke unter die Quarkmischung rühren. Zuletzt den Zitronensaft untermischen.

- Die Quarkmasse gleichmäßig auf die Tassen verteilen und jeweils ein paar Beeren daraufgeben (Tiefkühlfrüchte können gefroren darauf).

- Die Tassen auf ein Backblech stellen und vorsichtig (!) in den Ofen auf die mittlere Schiene schieben (Topfhandschuhe!). Die Kuchen etwa 35 Minuten backen.

- Die fertigen Käseküchlein aus dem Ofen nehmen (Topfhandschuhe!) und etwa 10 Minuten abkühlen lassen. Dann mit Puderzucker bestäuben und noch lauwarm servieren.

Mandel-Blondies

- Für den Rührteig Schokolade klein hacken. Butter in einem Topf bei mittlerer Hitze zerlassen, dann den Topf vom Herd nehmen. Schokostücke in die Butter geben und unter Rühren schmelzen. Mandeln mit Mehl und Backpulver mischen.

- Springform mit Backpapier auslegen. Ein Ofengitter auf die zweite Schiene von unten in den Backofen schieben. Ofen auf 180 °C (Umluft 160 °C) vorheizen.

- Eier aufschlagen und mit Zucker, Vanillezucker und 1 Prise Salz in eine Rührschüssel geben. Die Zutaten mit den Quirlen des Handrührgeräts auf höchster Stufe sehr cremig verrühren. Butter-Schoko-Masse unterrühren. Mehlmischung in zwei Portionen jeweils auf niedriger Stufe unterrühren.

- Den Teig in die Form füllen. In den Ofen stellen (Topfhandschuhe!) und etwa 30 Minuten backen. Die Form aus dem Ofen nehmen (Topfhandschuhe!) und den Kuchen darin auf einem Kuchengitter vollständig abkühlen lassen.

- Für die Deko die Kuchenglasur nach Packungsanweisung schmelzen, mittig auf den Kuchen gießen und mithilfe einer Palette oder eines großen Messers darauf verstreichen. Die Glasur mit Zuckerperlen bestreuen und fest werden lassen. Zum Servieren in etwa 4 cm große Würfel schneiden.

Für 36 Stücke:

Für den Rührteig:

200 g weiße Schokolade
150 g Butter
200 g gehackte Mandeln
200 g Weizenmehl (Type 405)
1 TL Backpulver
4 Eier (Größe M)
120 g Zucker
2 Päckchen Vanillezucker
Salz

Für die Deko:

100 g Vanillekuchenglasur oder Zuckerguss (Fertigprodukt)
2 EL bunte Zuckerperlen

Außerdem:

quadratische Springform (24 × 24 cm)

Zubereitung: ca. 25 Min.
+ ca. 30 Min. Backzeit
+ ca. 1 Std. Abkühlzeit

Immer nur Süßkram ist nicht unbedingt Connis Ding. Deshalb müssen bei ihrem Fest stets auch ein paar herzhafte Kleinigkeiten mit von der Partie sein.

Fingerfood

Knusprige Windräder

Für 20 Mini-Windräder • Zubereitung: ca. 20 Min. + ca. 12 Min. Backzeit

5 quadratische Scheiben TK-Blätterteig (ca. 225 g) + Salz
2–3 Nürnberger Rostbratwürstchen (in 1 cm dicke Scheiben geschnitten)

- Ein Backblech mit Backpapier auslegen. Teigscheiben darauflegen, salzen und 10 Minuten auftauen lassen. Backofen auf 200 °C (Umluft 180 °C) vorheizen.

- Jede Teigscheiben in 4 Quadrate schneiden und diese an jeder Ecke in Richtung Mitte etwa 2 cm weit einschneiden.

- Für ein Windrad 4 Teigecken zur Mitte hin einklappen, dabei dazwischen je 1 Ecke nicht einklappen. 1 Wurstscheibe daraufdrücken. Windräder in den Ofen auf die mittlere Schiene schieben (Topfhandschuhe!) und etwa 12 Minuten backen. Herausnehmen (Topfhandschuhe!) und abkühlen lassen.

Mini-Drachen

Für ca. 30 Drachen • Zubereitung: ca. 30 Min. + ca. 7 Min. Backzeit

5 quadratische Scheiben TK-Blätterteig (ca. 225 g) + ca. 30 g Doppelrahmfrischkäse
gehackte Pistazien und Butterbrot-Gewürzmischung

- Blätterteig nebeneinanderlegen und 10 Minuten auftauen lassen. Ein Backblech mit Backpapier auslegen. Backofen auf 200 °C (Umluft 180 °C) vorheizen.

- Jede Teigscheibe zu allen Seiten etwas dünner ausrollen, in 4 Quadrate schneiden. Aus jedem Quadrat 2 Rauten ausschneiden. Teigreste aufeinanderlegen, ausrollen und ebenso ausschneiden. Die Hälfte der Rauten mit Frischkäse bestreichen. Je 1 unbestrichene Raute daraufdrücken. Auf das Blech legen, mit Wasser bepinseln und mit Pistazien und Butterbrotgewürz bestreuen. In den Ofen auf die mittlere Schiene schieben (Topfhandschuhe!), 7 Minuten backen. Herausnehmen (Topfhandschuhe!). Abkühlen lassen.

Bunter Schüttelsalat

Für 6 Portionen:

140 g Hirse
600 g Möhren
3 Knoblauchzehen
4 Frühlingszwiebeln
2 EL Öl
1 TL mildes Currypulver
1 TL Zimtpulver
2–3 EL Zitronensaft
Salz
60 g Baby-Spinat
250 g Cocktailtomaten
6 Soft-Datteln (weiche getrocknete Datteln)
6 TL Pinienkerne
200 g Naturjoghurt
Pfeffer

Außerdem:

6 Gläser (mit Schraubdeckeln oder Bügelverschluss; je ca. 400 ml Inhalt)

Zubereitung: ca. 30 Min.

- Hirse in einem Sieb heiß abbrausen und abtropfen lassen. Mit 280 ml Wasser in einem Topf aufkochen und mit geschlossenem Deckel 5 Minuten köcheln lassen. Dann auf der ausgeschalteten Herdplatte 10 Minuten quellen lassen.

- Inzwischen Möhren putzen, schälen und in feine Würfel schneiden. Knoblauch schälen und fein hacken. Von den Frühlingszwiebeln jeweils das Wurzelende und das obere Ende abschneiden. Frühlingszwiebeln waschen und in feine Ringe schneiden.

- In einer Pfanne 1 EL Öl erhitzen und die Hälfte des Knoblauchs mit den Frühlingszwiebeln darin andünsten. Aus der Pfanne nehmen. Restliches Öl (1 EL) in die Pfanne geben und Möhren darin 2 Minuten anbraten. Currypulver, Zimt und Zitronensaft unterrühren. Mit Salz würzen. Abkühlen lassen.

- Spinat waschen, dabei welke oder matschige Blätter aussortieren. Spinat in einem Sieb gut abtropfen lassen. Tomaten waschen, trocken tupfen und halbieren. Die Datteln fein hacken.

- Hirse auf die Gläser verteilen. Möhren, Spinat, Tomaten, Frühlingszwiebeln, Datteln und Pinienkerne daraufschichten.

- Für das Dressing Joghurt mit restlichem Knoblauch verrühren und mit Salz und Pfeffer würzen. Dressing auf den Salat in den Gläsern verteilen. Bis zum Servieren im Kühlschrank aufbewahren.

Koch-Party

Warum sollen beim Kochen immer Mama und Papa die ganze Arbeit haben? Connis Eltern überlassen die Zubereitung des Essens ganz einfach den Kindern und schlagen so gleich zwei Fliegen mit einer Klappe: Conni und ihre Gäste haben eine ganze Weile jede Menge Spaß und hinterher ein leckeres Geburtstagsmenü, das garantiert allen Kindern schmeckt – denn schließlich hat jeder mitgeholfen. Die Rezepte reichen für 6 Kinder.

Das musst du vorbereiten

- **Einkaufsliste** schreiben und alles einkaufen

- **Zutaten** eventuell Rezeptweise zusammenstellen, damit es später nicht zu wuselig in der Küche wird, weil jeder was anderes sucht

- **Küchengeräte** bereitstellen: Waage; mehrere kleine Küchenmesser, Schneidebretter, Schälchen, Schüsseln und Löffel; Pfanne und Pfannenwender, Schneebesen, Auflaufform

- **Kochgruppen** einteilen: Überlegen, wie viele Kinder zusammen jeweils ein Gericht zubereiten sollen (2 bis 3 Kinder pro Gruppe sind am besten) und wo die Gruppe jeweils arbeiten soll.

Mini-Mozzarella-Spieße

Erst schnippeln und dann aufspießen – wer für die Spieße zuständig ist, muss bei Platzmangel nicht unbedingt in der Küche arbeiten, sondern kann sich mit Zutaten, Schneidebrett und Küchenmesser auch an den Esstisch zurückziehen.

- Die Mozzarellakugeln in ein Sieb abgießen und abtropfen lassen. Paprika, Nektarinen und Tomaten waschen und trocken tupfen.

- Von der Paprika auf einem Schneidebrett den Stiel und die Kerne entfernen. Paprika in Stücke schneiden, die sich gut aufspießen lassen: Erst in etwa 2 cm breite Streifen und diese dann quer in Quadrate schneiden.

- Jede Nektarine mit dem Messer einmal rundum bis zum Stein einschneiden und die Fruchthälften durch Drehen voneinander lösen. Den Stein aus der Mitte entfernen. Die Nektarinenhälften in etwa 2 cm große Würfel schneiden (sie sollten sich gut aufspießen lassen).

- Größere Tomaten mit dem Messer in zwei Hälften schneiden, kleine Tomaten ganz lassen.

- Den Sesam in einem Schälchen mit 1 Prise Salz und ¼ TL Currypulver vermischen. Die Mozzarellakugeln in der Mischung rollen, bis sie eine Sesamhülle haben.

- Alle Zutaten abwechselnd auf Holzspieße stecken. Die Spieße auf einen Teller oder eine Servierplatte legen. Mit Crema di Balsamico Linien zum Eindippen daneben spritzen.

Für 6 Portionen:

300 g Mini-Mozzarellakugeln
1 Paprikaschote (am besten gelb oder orange)
2 Nektarinen
16 Cocktailtomaten
2 gehäufte EL Sesamsamen
Salz + mildes Currypulver
Crema di Balsamico (cremiger italienischer Balsamessig)

Außerdem:

12 Holzspieße

Zubereitung: ca. 30 Min.

Tramezzini-Röllchen

Für 12 Röllchen · Zubereitung: ca. 30 Min. + ca. 30 Min. Kühlzeit

200 g Tramezzini-Sandwichbrot
1 Zucchini (ca. 150 g) + 2 EL Olivenöl
Salz + Pfeffer + 175 g Doppelrahmfrischkäse + 1 EL abgeriebene Bio-Zitronenschale + 100 g Roastbeef in dünnen Scheiben + 4 Zweige Thymian

- Ein sauberes Geschirrtuch flach auf der Arbeitsfläche ausbreiten. Die Tramezzini-Brote etwa 1 cm überlappend nebeneinander auf das Tuch legen und mit einer Teigrolle flach rollen.

- Die Zucchini putzen und waschen. Zucchini mit einem Sparschäler in sehr dünne Scheiben schneiden. Das Olivenöl in einer Pfanne erhitzen und die Zucchini darin kurz von beiden Seiten anbraten. Mit Salz und Pfeffer würzen.

- Frischkäse auf dem Brot verstreichen. Mit Zitronenschale bestreuen. Erst die Zucchinischeiben, dann die Roastbeefscheiben flach darauflegen.

- Den Thymian waschen und trocken schütteln, die Blättchen abzupfen und auf dem Roastbeef verteilen. Alles mit Salz und Pfeffer würzen.

- Das Brot mit dem Küchentuch fest zu einer Rolle aufrollen und andrücken. Die Tramezzini-Rolle etwa 30 Minuten in den Kühlschrank stellen.

- Kurz vor dem Servieren mit einem scharfen Messer in 2 cm dicke Scheiben schneiden. Die Tramezzini-Röllchen auf einem großen Teller anrichten.

Mein Tipp: Tramezzini-Brot sind große, weiche Weißbrotscheiben ohne Rinde, die in Italien gern verwendet werden. Falls du das Brot nirgends bekommst, nimmst du das größte Toast- oder Sandwichbrot, dassdu finden kannst (z.B. Amerikanisches Sandwichbrot). Von den Scheiben muss dann allerdings noch die Rinde abgeschnitten werden, damit sich das belegte Brot später gut aufrollen lässt.

Schoko-Tiramisu

Für 6 Portionen • Zubereitung: ca. 30 Min. + ca. 4 Std. Kühlzeit

400 g Mascarpone + 400 g Sahnejoghurt + 3 EL Nuss-Nugat-Creme + 3 EL Kakaopulver + 2 EL Zucker + 150 ml Milch + 300 g Löffelbiskuits + Auflaufform (30 × 20 cm) + 200 g Himbeeren

- Mascarpone und Joghurt in einer Schüssel mit den Quirlen des Handrührgeräts cremig verrühren. Nugat-Creme, 1 EL Kakao und Zucker unterrühren.

- Die Milch in ein Schälchen geben. Die Hälfte der Löffelbiskuits nacheinander darin eintauchen und nebeneinander in die Form legen. Wichtig: Die Biskuits nur ganz kurz von beiden Seiten eintauchen, damit sie nicht matschig werden.

- Eine dünne Schicht von der Schokocreme auf den Biskuits verteilen und glatt streichen – dabei noch reichlich Creme für die obere Schicht übrig lassen!

- Die übrigen Löffelbiskuits nacheinander kurz in die Milch tauchen. Nebeneinander auf die Creme in der Form legen.

- Die übrige Schokocreme darauf verteilen. Die Oberfläche glatt streichen.

- Vor dem Servieren das übrige Kakaopulver (2 EL) in ein Sieb füllen und die Creme damit bestäuben.

- Die Himbeeren in einem Sieb vorsichtig kalt abbrausen. Dann die Beeren gut trocken tupfen und als Dekoration auf das Tiramisu setzen.

Mein Tipp: Falls vom Tiramisu etwas übrig bleibt (unwahrscheinlich!), stellst du es einfach gut abgedeckt in den Kühlschrank. Dort hält es sich noch 1 bis 2 Tage und ihr habt noch einen leckeren Nachtisch.

Melonenpizza à la Conni

Für 2 Pizzen (12 Stücke):

2 dicke Scheiben Baby-Wassermelone (ca. 2 cm dick; von einem Erwachsenen schneiden lassen!)
200 g Sahnejoghurt
1 TL flüssiger Honig
100 g Heidelbeeren
100 g Erdbeeren
2 Aprikosen
4 TL gehackte Mandeln

Zubereitung: ca. 25 Min.

- Jede Wassermelonenscheibe auf einen großen Teller legen und mit dem Messer in 6 dreieckige Stücke (wie eine Pizza) schneiden.

- Den Joghurt mit dem Honig in einem Schälchen gut verrühren. Auf jedes Melonenstück 1 kleinen Klecks Honigjoghurt geben.

- Alle Beeren verlesen, in einem Sieb waschen und abtropfen lassen. Von den Erdbeeren die Blätter entfernen. Die Erdbeeren klein schneiden.

- Aprikosen waschen und trocken tupfen. Dann die Früchte einmal rundum mit einem Messer bis zum Stein einschneiden, die Fruchthälften durch Drehen voneinander lösen und die Steine entfernen. Aprikosenhälften erst in Spalten schneiden, dann in kleine Stücke.

- Die Melonenpizza gleichmäßig mit den Heidelbeeren, Erdbeeren und Aprikosen belegen und mit gehackten Mandeln bestreuen. Sofort servieren.

Käsemuffins

Für 12 Muffins:

250 g Weizenmehl (Type 405)
3 gestrichene TL Backpulver
3 Eier (Größe M)
125 g Buttermilch
75 ml Olivenöl
Salz
1 TL edelsüßes Paprikapulver
200 g geriebener Emmentaler

Außerdem:

Muffinblech (12 große Mulden)
Fett und Mehl für das Blech

Zubereitung: ca. 15 Min.
+ ca. 25 Min. Backzeit
+ ca. 5 Min. Abkühlzeit

1. Das Mehl mit dem Backpulver in einer Rührschüssel sorgfältig mischen. Ein Ofengitter auf die mittlere Schiene in den Backofen schieben. Ofen auf 200 °C (Umluft 180 °C) vorheizen.

2. Die Mulden des Muffinblechs gut einfetten und mit Mehl ausstäuben. Die Eier nacheinander aufschlagen und mit Buttermilch, Olivenöl und ½ TL Salz zur Mehlmischung in die Rührschüssel geben.

3. Alles mit den Quirlen des Handrührgeräts erst auf niedrigster, dann auf höchster Stufe etwa 1 Minute zu einem glatten Teig verarbeiten. Paprikapulver und Käse hinzufügen und kurz unterrühren.

4. Den Teig gleichmäßig mit einem Esslöffel in den Mulden des Muffinblechs verteilen. Das Blech in den Ofen stellen (Topfhandschuhe!) und die Muffins etwa 25 Minuten backen.

5. Das Blech herausnehmen (Topfhandschuhe!) und auf ein Kuchengitter stellen. Die Muffins im Blech etwa 5 Minuten abkühlen lassen, dann aus den Mulden lösen. Sie schmecken warm oder kalt.

Mini-Hotdogs

Für 24 Mini-Hotdogs:

24 Gewürzgurkenscheiben
(ca. 120 g, 3–4 Gewürzgurken)
24 Mini-Wiener-Würstchen
(ca. 640 g)
2 Packungen Hörnchenteig
(aus dem Kühlregal; je 230 g)
120 g körniger Senf
100 g Tomatenketchup
1 Ei (Größe M)
2 EL Milch
2 TL Natron
4 EL Röstzwiebeln

Zubereitung: ca. 20 Min.
+ ca. 15 Min. Backzeit

- Den Backofen auf 180 °C Umluft vorheizen. Zwei Backbleche mit Backpapier auslegen. Die Gurken auf Küchenpapier abtropfen lassen. Die Würstchen an beiden Enden jeweils kreuzweise einschneiden.

- Den Hörnchenteig ausrollen und in die einzelnen Segmente teilen. Diese jeweils diagonal in 2 ähnlich große Dreiecke teilen. Die Dreiecke mit den Händen noch etwas nachformen, sodass sie eine sehr lange Spitze haben.

- Auf die breite Seite des Teigs je 1 TL Senf, etwas Ketchup und 1 Scheibe Gurke geben. Je 1 Würstchen so darauflegen, dass die Wurstenden an beiden Seiten des Teigs herausschauen. Den Teig zur Spitze hin zu kleinen Hörnchen aufrollen, dabei darauf achten, dass Senf und Ketchup nicht herauslaufen.

- Die Hörnchen auf die Bleche legen. Ei, Milch und Natron verquirlen. Die Hörnchen mit der Eimischung bestreichen. Die Röstzwiebeln mit den Fingern daraufbröseln und leicht andrücken.

- Die Bleche in den Ofen auf die untere und mittlere Schiene schieben (Topfhandschuhe!) und die Hörnchen 12 bis 15 Minuten goldbraun backen.

- Die Bleche aus dem Ofen nehmen (Topfhandschuhe!). Die Hotdogs schmecken warm oder kalt.

Grissini-Fackeln
mit Schinken

Für 18 Fackeln:

18 große Basilikum- oder Rucolablätter
18 kleine längliche Scheiben roher Räucherschinken
18 Grissini

Zubereitung: ca. 15 Min.

- Die Basilikum- oder Rucolablätter mit Wasser abbrausen. Mit Küchenpapier trocken tupfen.

- Je 1 Basilikum- oder Rucolablatt an ein Ende von 1 Grissini-Stange legen, sodass das Blatt zur Hälfte über die Grissini-Stange herausragt.

- Je 1 Schinkenscheibe um das obere Ende der Grissini-Stange wickeln. Das obere Stück vom Blatt steht heraus und sieht aus wie eine grüne Flamme.

- Die Grissini-Fackeln in ein hohes Glas stellen.

Mein Tipp: Umwickle Grissini statt mit rohem Schinken auch mal mit gekochtem Schinken oder Salami. Oder dippe die Stangen in Frischkäse, Schmelzkäse oder saure Sahne.

Wenn es auf der Geburtstagsfeier heiß hergeht, dürfen ein paar coole Partydrinks als Erfrischung nicht fehlen. Und bei Winterkindern gibt's Hot chocolate!

Melonen-Smoothie

Für 6 Smoothies · Zubereitung: ca. 10 Min.

½ kleine Wassermelone + 1 große Banane
200 ml Orangensaft (am besten frisch gepresst)
2 EL Zitronensaft + 6 Flaschen mit Schraub- oder Bügelverschluss (je ca. 250 ml)

• Die Melone in Scheiben schneiden. Das Fruchtfleisch zuerst von der Schale und dann in Würfel schneiden. Die Banane schälen und in Stücke schneiden.

• Melone, Banane, Orangen- und Zitronensaft im Standmixer oder mit dem Stabmixer fein pürieren. In die Flaschen füllen und bis zum Servieren kühl stellen.

Ananas-Orangen-Smoothie

Für 6 Smoothies · Zubereitung: ca. 10 Min.

1 reife Ananas + 2 EL Honig + 3 EL Limettensaft + 600 ml Orangensaft (am besten frisch gepresst) + 6 Flaschen mit Schraub- oder Bügelverschluss (je ca. 250 ml)

• Die Ananas schälen, vierteln und den harten Strunk herausschneiden. Das Fruchtfleisch in Würfel schneiden.

• Ananasstücke mit dem Honig, dem Limettensaft und etwas Orangensaft im Standmixer oder mit dem Stabmixer fein pürieren. Den restlichen Orangensaft unter die Ananasmischung mixen.

• Den Smoothie in Flaschen füllen und bis zum Servieren kühl stellen.

Milchshake mit Schokoeis

Für 6 Gläser:

200 g Sahne
2 große reife Bananen
12 große Kugeln Chocolate-Chips-Eis
3 EL Kakaopulver
750 ml Milch
6 TL Schokoraspel

Zubereitung: ca. 10 Min.

- Die Sahne in einem hohen Rührbecher mit den Quirlen des Handrührgeräts steif schlagen und beiseitestellen. Die Bananen schälen und in grobe Stücke schneiden.

- Banane, 6 Eiskugeln, Kakaopulver und Milch im Standmixer oder in einem hohen Becher mit dem Stabmixer zu einem cremigen Milchshake mixen.

- Die Bananen-Schokoladen-Milch auf 6 Gläser verteilen. Je 1 Kugel Eis dazugeben. Die Sahne mit einem Löffel in kleinen Wölkchen daraufsetzen und mit Schokoraspeln bestreuen. Nach Belieben Strohhalme in die Gläser stecken.

Mein Tipp: 300 g geputzte Himbeeren oder Erdbeeren mit 6 Kugeln Himbeer- oder Erdbeereis und 750 ml Milch im Standmixer zu einem rosa Milchshake mixen und in Gläser füllen. Geschlagene Sahne daraufsetzen und etwas Erdbeer- oder Himbeersirup in feinen Linien über die Sahne laufen lassen.

Zitronenlimo mit Himbeeren

Für 6 Gläser (je 200 ml):
2 Bio-Zitronen
150 g Himbeeren
1 Zweig Minze
4 EL Holunderblütensirup
900 ml kaltes Mineralwasser (mit Kohlensäure)
Eiswürfel (nach Belieben)

Zubereitung: ca. 10 Min.

- Die Zitronen waschen. Auf dem Schneidebrett mit dem Messer jeweils quer in 2 Hälften schneiden. 1 Zitronenhälfte in Scheiben schneiden. Aus den restlichen Zitronenhälften den Saft mit der Zitruspresse auspressen.

- Die Himbeeren in einem Sieb vorsichtig kalt abbrausen und abtropfen lassen. Den Minzezweig mit kaltem Wasser abbrausen.

- Zitronensaft, Holunderblütensirup und Mineralwasser in einem Saftkrug gut verrühren.

- Himbeeren, Minze und Zitronenscheiben in den Krug geben. Nach Belieben noch Eiswürfel in die Limonade geben.

Mein Tipp: Die Limonade kannst du auch mit anderen Früchten verfeinern. Im Sommer schmecken neben Himbeeren auch frische Erd- oder Heidelbeeren.

Sommerparty

Wer an einem heißen Sommertag Geburtstag feiert, muss für reichlich Abkühlung sorgen. Connis Favoriten für eine wilde Poolparty sind eisgekühlte Mixgetränke und ganz viel Eis, am liebsten mit Topping und zum selbst Zusammenstellen. Und damit es auch beim Spielen nicht allzu heiß hergeht, muss kaltes Wasser mit dabei sein.

Pina-Colada

Für 6 Gläser:

600 ml Ananassaft mit 300 ml Bananennektar und 300 ml Kokosmilch verquirlen. Mit etwas Zitronensaft abschmecken.

Pink Piggy

Für 6 Gläser:

750 g gewaschene und geputzte Erdbeeren mit 6 Minzeblättern und je 6 EL Holunder- und Limettensirup pürieren. Mit Mineralwasser auffüllen.

Apfel-Power-Shot

Für 6 Gläser:

1 gewaschenen, klein geschnittenen Apfel, 1 geschälte Banane, 1 l Orangensaft (am besten frisch gepresst) und 1 EL Zitronensaft pürieren.

Wasserschöpfen

Ihr braucht **vier kleine Eimer** und **zwei gleich große Schöpfkellen** (ihr könnt auch zwei gleich große Trinkbecher aus Kunststoff zum Wasserschöpfen verwenden). Zwei Eimer füllt ihr mit Wasser, zwei Eimer bleiben leer. Bildet zwei Gruppen und stellt euch in zwei Reihen auf.

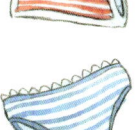

- Für jede Gruppe stellt ihr einen vollen Eimer und dazu einige Meter entfernt (je nach Platz) einen leeren Eimer auf. Achtet darauf, dass der Abstand bei beiden Gruppen gleich ist.

- Jemand gibt das Startkommando. Das erste Kind jeder Gruppe schöpft Wasser, bringt es so schnell wie möglich zum leeren Eimer, läuft zurück und übergibt Schöpfkelle oder Becher an das nächste Kind. Sobald eine Gruppe ihren Eimer geleert hat, ist das Spiel zu Ende.

- Messt nach, wie viel Wasser jeweils im anderen Eimer gelandet ist (eventuell mit einem Messbecher). Sieger ist die Gruppe, die am meisten Wasser im zuvor leeren Eimer sammeln konnte.

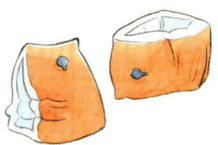

Wasserspritze marsch!

Ihr braucht **leere Konservendosen,** ebenso viele **Tischtennisbälle** (oder Bälle aus einem Bällebad), eine **Schaumstoff-Wasserspritze** und einen großen Eimer mit Wasser.

- Stellt die Dosen mit der Öffnung nach unten nebeneinander auf einen Tisch und legt je einen Ball darauf. In 1 bis 2 Meter Abstand zum Tisch markiert ihr eine Linie.

- Stellt euch an der Linie hintereinander. Jeder versucht mit einer gefüllten Wasserspritze die Bälle von den Dosen zu spritzen.

Schlacht am Eisbüfett

Damit es am Eisbüfett nicht allzu chaotisch zugeht, heuerst du am besten Mama, Papa oder einen anderen Erwachsenen als Eisverteiler an. Stell Schälchen, Löffel, große Eiswaffeltüten und einen Eisportionierer bereit. Kurz bevor das Büfett eröffnet wird, kommen die Eispackungen (mindestens eine Frucht- und eine Milcheissorte) dazu.

Bunte Eis-Toppings

Neben dem Eisverteiler-Tisch baust du verschiedene Toppings auf, mit denen sich dann jeder seinen individuellen Eisbecher oder die Waffeltüte zusammenstellen kann. Wenn du auch Waffeltüten anbietest, solltest du Servietten bereitlegen, damit nichts danebengeht.

- Die Lieblingssüßigkeiten und geschlagene Sahne dürfen als Toppingzutaten natürlich nicht fehlen.

- Stell außerdem Dessertsoßen bereit: Für Süßschnäbel zum Beispiel Schokoladen- und Karamellsoße, für Fruchtfans Erdbeer- und Mangosoße.

- Gib kleine Butterkekse auf einen Teller oder in eine Schale und stellt Waffelröllchen in einen Becher.

- Eine Mischung aus Beeren und anderen klein geschnittenen Früchten ist besonders erfrischend.

Eis am Stiel

Für 6–8 Eis am Stiel

250 g Erdbeeren + 150 g Naturjoghurt
100 g Mascarpone + 1 EL Zucker
2 EL Honig + 1 EL Zitronensaft
6–8 Portionsförmchen (oder Espressotassen) + 6–8 Holzeisstiele (oder kleine Löffel, z.B. Tee- oder Espressolöffel)

Zubereitung: ca. 20 Min.
+ ca. 3 Std. Kühlzeit

- Die Erdbeeren waschen und die Kelchblätter entfernen.

- Die Erdbeeren mit Joghurt, Mascarpone, Zucker, Honig und Zitronensaft im Standmixer oder in einem hohen Becher mit dem Stabmixer sehr fein und cremig pürieren.

- Die Eismasse in kleine Förmchen oder Espressotassen verteilen. Die Förmchen ins Tiefkühlfach stellen und die Masse etwa 1½ Stunden gefrieren lassen.

- Dann in die schon angefrorene Masse je 1 Holzeisstiel in die Mitte stecken. Oder einen kleinen Löffel mit dem Griff nach oben hineinstecken.

- Das Eis wieder in das Tiefkühlfach stellen und mindestens 1½ Stunden ganz gefrieren lassen.

- Zum Essen die Förmchen oder Tassen kurz in etwas warmes Wasser tauchen und das Eis am Stiel herauslösen.

Mein Tipp: Wenn du gern Eis am Stiel selbst machst, lohnt sich für euch vielleicht die Anschaffung spezieller Eis-am-Stiel-Formen aus Kunststoff. Der Stiel ist gleich mit dabei und die Förmchen lassen sich spülen und immer wieder verwenden.

Früchtebowle mit Minze

Für 6 große Gläser:

600 ml Pfefferminztee
600 ml Apfelsaft
300 ml Mineralwasser
(mit Kohlensäure)
200 g Erdbeeren
50 g Heidelbeeren
¼ Ananas
¼ Melone
2 EL Holunderblütensirup

Außerdem:

große Glasschüssel
6 Cocktailpikser

Zubereitung: ca. 20 Min.
+ mind. 1 Std. Kühlzeit

- Tee, Apfelsaft und Mineralwasser im Kühlschrank mindestens 1 Stunde gut durchkühlen lassen.

- Die Erdbeeren waschen und die Kelchblätter entfernen. Die Heidelbeeren in einem Sieb vorsichtig kalt abbrausen. Das Ananasfruchtfleisch von der Schale lösen und den Strunk entfernen, das Fruchtfleisch in Würfel schneiden. Die Melone von der Schale lösen und in etwa 1 cm dicke Scheiben schneiden. Aus den Scheiben mit einer Ausstechform kleine Sterne ausstechen, Reste in Würfel schneiden.

- Alle vorbereiteten Früchte in eine große Glasschüssel geben. Minztee, Apfelsaft und Holunderblütensirup dazugeben und einmal umrühren.

- Die Bowle kühl stellen und kurz vor dem Servieren mit dem Mineralwasser auffüllen. Nicht vergessen: Cocktailpikser oder kleine Gabeln zum Aufspießen der Früchte dazulegen.

Rote Bowle: Die Früchtebowle schmeckt auch mit einer Mischung aus rotem Früchtetee und Johannisbeersaft, mit Mineralwasser aufgegossen. Als Früchte passen dann gemischte Beeren und Nektarinen- oder Pfirsichwürfel besonders gut.

Hot chocolate im Duett

Für 6 Tassen:

150 g Vollmilch- oder Zartbitterschokolade
750 ml Milch
120 g Mini-Marshmallows

Außerdem:

6 Holz- oder Cocktailspieße

Zubereitung: ca. 10 Min.

- Die Schokolade grob hacken. Die Milch in einem Topf erhitzen.

- Die Schokoladenstücke in die Milch rühren. Den Topf vom Herd nehmen und die Schokolade unter Rühren schmelzen lassen.

- Die heiße Schokolade in Tassen füllen. Die Marshmallows auf Spieße stecken und diese auf die Tassen legen. Oder die Tassen auf Teller stellen und die Spieße dazulegen.

Mein Tipp: Für eine winterliche Schokolade je 1 Prise Vanille-, Zimt- und Nelkenpulver unterrühren. 150 g Sahne steif schlagen und als Häubchen daraufsetzen. Mit 6 TL Schokoraspeln bestreuen.

Raus-schmeißer

Sogar das schönste Fest hat irgendwann einmal ein Ende und die Gäste müssen nach Hause gehen. Zum Abschluss sitzt Conni mit ihren Freunden am liebsten bei Burger und Co. zusammen. Nach viel Süßkram gilt: Hauptsache, deftig!

Kichererbsen-Burger

Für 6 Burger:

½ Bund Petersilie
1 rote Paprikaschote
2 Frühlingszwiebeln
6 Salatblätter
1 Glas gegarte Kirchererbsen (ca. 250 g Abtropfgewicht)
50 ml Gemüsebrühe (Instant)
1 Ei (Größe M)
1 EL Öl
3–5 EL Semmelbrösel
1 EL Mehl
Salz + Pfeffer
Chilipulver
6 Hamburger-Brötchen
6 EL saure Sahne
2 EL Mayonnaise

Außerdem:

ca. 3 EL Öl zum Braten
Semmelbrösel zum Panieren

Zubereitung: ca. 30 Min.

- Petersilie waschen und trocken schütteln, die Blätter abzupfen und fein hacken. Paprika entkernen und waschen. Etwa ein Viertel der Paprika in sehr feine Würfel schneiden, den Rest in sehr feine Streifen. Frühlingszwiebeln waschen, Wurzelende und grobes Grün entfernen. Frühlingszwiebeln in feine Ringe schneiden. Salatblätter waschen und trocken tupfen.

- Kichererbsen in einem Sieb abtropfen lassen. Mit der Brühe in einen hohen Becher geben und mit dem Stabmixer fein pürieren. Ei aufschlagen und mit Öl, 3 EL Semmelbröseln und Mehl unter die Kichererbsen mixen. Mit 1 TL Salz und je 1 Prise Pfeffer und Chilipulver würzen. Petersilie, Paprikawürfel und Frühlingszwiebeln mit einem Löffel unterheben.

- Das Öl zum Braten in einer beschichteten Pfanne erhitzen. Aus der Kichererbsenmasse 6 gleich große Taler formen (falls die Masse zu weich ist, noch 1 bis 2 EL Semmelbrösel unterarbeiten). Taler in Semmelbröseln wenden und im Öl bei mittlerer Hitze auf jeder Seite etwa 8 Minuten braten.

- Inzwischen die Brötchen halbieren. Die saure Sahne mit der Mayonnaise verrühren, mit Salz und etwas Chilipulver würzen.

- Alle Brötchenhälften mit der Mayonnaise-Mischung bestreichen. Die unteren Hälften mit Salatblättern, Kichererbsentalern und Paprikastreifen belegen. Die oberen Hälften daraufsetzen.

Gemüse-Wraps

Für 6 Stück:

6 große Kopfsalatblätter
1 gelbe Paprikaschote (ca. 150 g)
2 kleine Tomaten (ca. 160 g)
2 Möhren (ca. 175 g)
½ Salatgurke
6 Weizen-Tortillafladen (aus dem Brot- oder Spezialitätenregal, ca. 20 cm Ø oder größer)
200 g Doppelrahmfrischkäse
6 Papierstreifen oder Servietten

Zubereitung: ca. 40 Min.

1. Salat, Paprika und Tomaten waschen und trocken tupfen. Paprika halbieren, Stiel und Kerne entfernen. Paprika in feine Streifen schneiden. Tomaten in dünne Scheiben schneiden, dabei Stielansätze entfernen.

Mein Tipp: Tortilla möglichst noch heiß füllen, da sich abgekühlte Fladen nur schlecht aufrollen lassen und leicht brechen.

2. Von den Möhren die Enden abschneiden. Möhren schälen und mit der Küchenreibe grob raspeln. Gurke waschen, trocken tupfen und in feine Scheiben schneiden oder hobeln.

3. Fladen in einer erwärmten Pfanne nach Packungsanweisung auf beiden Seiten kurz erhitzen. Sofort mit Frischkäse bestreichen. Mit Salat, Möhren, Paprika, Tomaten und Gurke wie auf dem Bild gezeigt belegen.

4. Die Fladen aufrollen, dafür das untere Ende über die Gemüsemischung klappen und den Fladen von unten eng aufrollen. Die Wraps in der Mitte einmal schräg durchschneiden.

5. Jeweils das untere Ende einer Wrap-Hälfte mit einem Papierstreifen oder einer Serviette umwickeln. Zum Servieren jeden Wrap in ein Glas stellen – oder, noch besser: Die Gäste selbst wickeln lassen!

Knusprige Ofenkartoffeln

Für 6 Portionen:

Für die Ofenkartoffeln:

750 g kleine neue Kartoffeln
9 EL Olivenöl
1 EL grobes Meersalz

Für den Schinkendip:

300 g saure Sahne
200 g gekochter Schinken
Salz + Pfeffer

Für den Joghurtdip:

200 g Naturjogurt
3 EL Tomatenmark
100 g Feta (Schafskäse)
1 TL edelsüßes Paprikapulver
Salz + Pfeffer

Außerdem:

Fett für das Blech

Zubereitung: ca. 20 Min.
+ ca. 30 Min. Backzeit

- Den Backofen auf 200 °C (Umluft 180 °C) vorheizen. Ein Backblech einfetten.

- Für die Ofenkartoffeln die Kartoffeln waschen, trocken tupfen und in Viertel schneiden. Die Kartoffelviertel in einer Schüssel mit Olivenöl und Meersalz mischen. Dann auf dem Blech verteilen.

- Kartoffeln in den Ofen auf die mittlere Schiene schieben (Topfhandschuhe!) und etwa 30 Minuten backen, bis sie goldbraun sind. Die Kartoffeln auf dem Blech zwischendurch ein- oder zweimal mit einem Pfannenwender umdrehen, dazu das Blech kurz aus dem Ofen nehmen (Topfhandschuhe!).

- Inzwischen für den Schinkendip die saure Sahne in ein Schälchen füllen. Den Schinken mit einem Messer in sehr feine Würfel schneiden und unterrühren. Mit Salz und Pfeffer würzen.

- Für den Joghurtdip den Jogurt mit dem Tomatenmark glatt rühren. Den Feta klein schneiden und unterrühren. Mit Paprika, Salz und Pfeffer würzen.

- Die Kartoffeln aus dem Ofen holen (Topfhandschuhe!) und mit den Dips servieren.

Mein Tipp: Für einen Kräuterdip 250 g Magerquark mit so viel Mineralwasser verrühren, dass der Quark schön cremig ist. Dann eine Handvoll klein geschnittene Kräuter (z. B. Schnittlauch und Petersilie) unterrühren und den Dip mit Salz und Pfeffer würzen.

Hackbällchen
mit Tomatenreis

Für 6 Portionen:

300 g Langkornreis
Salz
600 ml Tomatensaft (oder passsierte Tomaten)
2 Zucchini
1 EL Olivenöl
1 Schalotte
1 Brötchen (vom Vortag)
1 Ei (Größe M)
500 g gemischtes Hackfleisch
1 EL italienische Kräuter (tiefgekühlt)
Pfeffer
4 EL Rapsöl
300 g Sahne

Zubereitung: ca. 35 Min.

- Reis mit ½ TL Salz und 600 ml Wasser in einem großen Topf zugedeckt zum Kochen bringen und etwa 10 Minuten bei mittlerer Hitze garen. Tomatensaft unterrühren und den Reis bei schwacher Hitze weitere 10 Minuten weich garen. Zwischendurch immer wieder umrühren, dabei Vorsicht: die Tomatenflüssigkeit blubbert stark.

- Zucchini waschen und die Enden abschneiden. Zucchini in sehr kleine Würfel schneiden. Olivenöl in einer Pfanne erhitzen und Zucchini darin knusprig braten. Unter den fertigen Tomatenreis mischen.

- Während der Reis gart, für die Hackbällchen die Schalotte schälen und in feine Würfel schneiden. Brötchen in etwas Wasser etwa 1 Minute einweichen. Dann gut ausdrücken und als kleine Stücke in eine Schüssel zupfen. Ei aufschlagen und mit Hackfleisch, Schalotte und Kräutern zum Brötchen geben. Alles gut verkneten und mit Salz und Pfeffer würzen.

- Aus dem Fleischteig etwa 25 kleine Bällchen formen. Öl in einer beschichteten Pfanne erhitzen. Hackbällchen darin bei mittlerer Hitze rundum etwa 2 Minuten braun braten. Sahne dazugießen und etwas einkochen lassen. Mit Salz und Pfeffer würzen und mit dem Tomatenreis servieren.

Grillspaß

Grillen auf der Kindergeburtstagsfeier? Für Conni und ihre Freunde ist das ein echtes Highlight. Bei den Vorbereitungen der Leckereien helfen alle mit. Und wenn dann später die Erwachsenen am Grill stehen, lassen es sich die Kinder schon mal schmecken.

Hotdog-Stockbrot

Für 6 Stockbrote • Zubereitung: ca. 30 Min. + ca. 30 Min. Grillzeit

600 g Weizenmehl (Type 405) + 150 g Maismehl + 2 EL Olivenöl + 1 Würfel Hefe (42 g) + 1 TL Zucker + 1 TL Salz + 6 Riesen-Bockwürste + 6 EL Röstzwiebeln + Tomatenketchup und Senf (nach Belieben) + lange Holzspieße

Stöcke vorbereiten
Mit selbst gesammelten dünnen Holzstöcken macht das Stockbrot seinem Namen alle Ehre. Lass dir beim Entfernen der Rinde und Zuspitzen von den Eltern helfen!

• Weizen- und Maismehl mischen, Olivenöl dazugeben. Hefe in etwa 500 ml lauwarmem Wasser auflösen, Zucker und Salz unterrühren. Hefewasser zum Mehl gießen und alles gut mit den Händen zu einer glatten Teigkugel verkneten. Abgedeckt und an einem warmen Ort etwa 30 Minuten gehen lassen, bis der Teig deutlich größer geworden ist.

• Holzspieße der Länge nach durch die Bockwürste stecken. Den Teig in 6 Portionen teilen. Jedes Teigstück zu einer etwa 30 cm langen Schlange formen und diese um die Würste wickeln. Auf dem Grill (oder über dem Lagefeuer!) backen, bis die Brote gebräunt und gar sind.

• Hotdogs vom Spieß ziehen und mit Röstzwiebeln, Ketchup und Senf essen.

Steaks mit Kräuterbutter und Steaksoße

Steaks gibt es beim Metzger meist in großer Auswahl. Am besten kaufst du Rinder- und Schweinesteaks in verschiedenen Größen, damit später jeder das passende Stück findet. Pro Kind solltest du etwa 150 g Fleisch rechnen, sehr große Steaks kannst du halbieren.

- Die Kräuter waschen und trocken schütteln, die Blätter abzupfen und fein hacken. Die Kräuter unter die Butter rühren. Mit Salz und etwas Pfeffer würzen. Die Kräuterbutter zu einer Rolle formen, in Frischhaltefolie wickeln und bis zum Servieren kühl stellen.

- Steaks mit Salz und Pfeffer würzen. Auf dem Grill auf beiden Seiten braun grillen – je nach Dicke des Fleischstücks, gewünschtem Gargrad und der Stärke der Grillglut dauert das bis zu 20 Minuten.

- Für die Soße saure Sahne mit Frischkäse und Ketchup cremig rühren. Die Schnittlauchröllchen untermischen und die Soße mit Salz und Pfeffer würzen.

- Die Kräuterbutter in Scheiben schneiden. Zum Essen nach Belieben Kräuterbutterscheiben auf das Steak legen und darauf schmelzen lassen. Die Soße dazu essen.

Für Vegetarier: Wer kein Fleisch isst, kann die Kräuterbutter auch auf einem gegrillten Zuckermaiskolben schmelzen lassen. Und die Soße schmeckt wunderbar zu gegrillten Auberginen- oder Zucchinischeiben. Übrigens: Den Stockbrotteig (links) kannst du auch ohne Würstchenfüllung grillen.

Für 6 Portionen:

1 Handvoll gemischte Kräuter
(z.B. Rosmarin, Thymian
und Petersilie)
150 g weiche Butter
Salz + Pfeffer
6 Rinder- oder Schweinesteaks
200 g saure Sahne
200 g Doppelrahmfrischkäse
3 EL Tomatenketchup
3 EL Schnittlauchröllchen

Zubereitung: ca. 30 Min.

Süßkartoffel-Toasties mit Ziegenkäse

Für 6 Portionen • Zubereitung: ca 25 Min.

2 Süßkartoffeln (ca. 600 g) + 1–2 EL Olivenöl + 3 Eiertomaten (ca. 250 g) + 6 Zweige Rosmarin + 1 ganze Knoblauchknolle + 150 g Ziegenfrischkäse + Salz + Pfeffer

- Die Süßkartoffeln schälen und in insgesamt 6 etwa 2 cm dicke Scheiben schneiden. Scheiben auf beiden Seiten mit Olivenöl einpinseln. Die Tomaten waschen und in Scheiben schneiden, dabei die Stielansätze entfernen. Den Rosmarin waschen und gut trocken tupfen.

- Die Knoblauchknolle im Ganzen in die Grillglut werfen und mit Kohle zudecken. Die Süßkartoffelscheiben am Rand des Grills auf beiden Seiten jeweils 5 Minuten grillen. Den Ziegenkäse und den Rosmarin auf den Süßkartoffelscheiben verteilen.

- Süßkartoffeln vom Grill nehmen. Die Knoblauchknolle aus der Glut nehmen und etwas abkühlen lassen. Die Zehen aus der Schale drücken und mit den Tomatenscheiben auf den Ziegenkäse legen. Mit Salz und Pfeffer würzen.

Käse-Tausch

Wer keinen Ziegenkäse mag, nimmt Frischkäse aus Kuhmilch oder Mozzarellascheiben. Auch die Kräuterbutter von den Steaks (siehe Seite 123) passt gut zu den Kartoffeln.

Marshmallow-Sandwiches

Für 6 Portionen • Zubereitung: ca. 10 Min.

1 große Banane + 150 g Beeren der Saison + 450 g Marshmallows + lange Holzspieße
300 g Vollkornbutterkekse oder Cookies (je nach Vorliebe und Geschmack)

- Die Banane schälen, die Beeren verlesen, waschen und trocken tupfen. Die Früchte mit einer Gabel zerdrücken.

- Die Marshmallows auf die Spieße stecken und so lange über die Grillglut halten, bis sie goldbraun sind.

- Je 1 TL Fruchtmus auf 1 Keks klecksen, 1 gerösteten Marshmallow darauflegen und mit einem zweiten Keks abdecken. Die Sandwiches essen, solange die Marshmallows noch warm sind.

Mein Tipp: Die Marshmallows dürfen nicht verkohlen – das schmeckt scheußlich und ist zudem ungesund. Eine goldbraune Farbe ist perfekt!

Gegrillte Früchte

Ananas-, Pfirsich- oder Aprikosenstücke lassen sich auch wunderbar grillen. Zum Eintunken der süßen, heißen Früchte passt Joghurt, unter den fein gehackte Minze gerührt ist.

Herzhafte Waffeln mit Radieschenquark

Für 6 Portionen:

Für die Waffeln:

200 g weiche Butter
300 g Naturjoghurt
250 g Feta (Schafskäse)
400 g Weizenvollkornmehl
4 Eier (Größe M)
1 Bund Frühlingszwiebeln
Pfeffer
evtl. Öl für das Waffeleisen

Für den Quark:

1 Apfel (ca. 150 g)
1 kleines Bund Radieschen
(100 g; möglichst große)
150 g Naturjoghurt
150 g Magerquark
Salz + Pfeffer aus der Mühle

Zubereitung: ca. 20 Min.
+ ca. 25 Min. Backzeit

- Für die Waffeln die Butter mit Joghurt, Feta und Mehl in eine große Schüssel geben. Die Eier in die Schüssel aufschlagen und die Zutaten mit den Quirlen des Handrührgeräts zu einem glatten Teig verrühren. Den Teig 5 Minuten quellen lassen.

- Inzwischen die Frühlingszwiebeln waschen und in feine Ringe schneiden, dabei jeweils das Wurzelende und das obere Ende entfernen. Die dunkelgrünen Ringe für den Quark beiseitelegen, die weißen Zwiebelringe unter den Teig mischen. Mit Pfeffer würzen.

- Für den Quark den Apfel waschen und das Fruchtfleisch auf der Küchenreibe bis auf das Kerngehäuse grob in eine Schüssel raspeln. Die Radieschen putzen, waschen und ebenfalls grob in die Schüssel reiben. Joghurt, Quark, ½ TL Salz sowie 1 Prise Pfeffer dazugeben und alles gut verrühren. Das beiseitegelegte Frühlingszwiebelgrün unterheben.

- Das Waffeleisen vorheizen und die Backflächen bei Bedarf leicht mit Öl einfetten. Den Teig nochmals durchrühren. Nacheinander Waffeln backen. Dafür je 2 bis 3 EL Teig auf die untere Backfläche geben und das Waffeleisen schließen. Die Waffel etwa 4 Minuten goldbraun backen. Fertige Waffeln auf einem Teller stapeln. Den Quark dazu servieren.

Konfettisalat mit Würstchenspieß

Für 6 Portionen:

5 EL Aceto balsamico (italienischer Balsamessig)
5 EL Öl
1 EL Honig
Salz + Pfeffer
1 Bund Schnittlauch
1 Dose Mais (300 g)
1 Salatgurke
1 große Möhre
1 rote Paprikaschote
1 große Tomate
6 Wiener Würstchen
3 Laugenstangen

Außerdem:

6 Holzspieße

Zubereitung: ca. 35 Min.

- Essig, Öl, Honig, ¼ TL Salz und 1 Prise Pfeffer in einer Salatschüssel verrühren. Den Schnittlauch waschen, in kleine Röllchen schneiden und unter die Salatsoße rühren.

- Den Mais in ein Sieb schütten, kurz mit Wasser abbrausen und abtropfen lassen. Die Gurke waschen. Die Möhre mit dem Sparschäler schälen. Von der Gurke und der Möhre die Enden abschneiden. Paprika und Tomate waschen. Die Paprika längs halbieren, den Stiel und die Kerne entfernen.

- Gurke, Möhre und Paprika in sehr kleine Würfel schneiden. Die Tomate in Scheiben schneiden, dabei den Stielansatz entfernen. Die Tomatenscheiben ebenfalls in sehr kleine Würfel schneiden.

- Alle Gemüsewürfel in die Salatschüssel geben. Den Salat gut durchmischen.

- Die Würstchen waschen, mit Küchenpapier abtrocknen und in etwa 2 cm lange Stücke schneiden. Die Laugenstangen in etwa 1 cm dicke Scheiben schneiden. Die Scheiben abwechselnd mit den Würstchen auf die Holzspieße stecken. Würstchenspieße zum Salat servieren.

Antipasti-Pizza

Für 1 Backblech (6 Portionen):
3 marinierte Artischocken-
herzen (ca. 90 g; aus dem Glas)
100 g gegrillte Paprikaschoten
(aus dem Glas)
30 g Oliven (ohne Stein)
200 g Mozzarella
1 Packung Pizzateig XXL
(550 g; aus dem Kühlregal)
150 g Pizzatomaten
(aus der Dose)
Salz + Pfeffer
1 TL getrockneter Oregano

Zubereitung: ca. 15 Min.
+ ca. 20 Min. Backzeit

- Den Backofen auf 220 °C (Umluft 200 °C) vorheizen. Artischocken, Paprika und Oliven in einem Sieb gut abtropfen lassen. Die Artischocken und die Oliven vierteln, die Paprika in Streifen schneiden. Den Mozzarella in kleine Würfel schneiden.

- Den Pizzateig samt Papier auf einem Backblech entrollen und die Pizzatomaten gleichmäßig darauf verteilen. Mit Salz, Pfeffer und Oregano würzen, mit Artischocken, Paprika und Oliven belegen. Die Mozzarellawürfel gleichmäßig auf der Pizza verteilen.

- Die Pizza in den Ofen auf die zweite Schiene von unten schieben (Topfhandschuhe!) und etwa 20 Minuten backen. Herausnehmen (Topfhandschuhe!), in Stücke schneiden und heiß essen.

Mein Tipp: Statt Pizzatomaten kannst du auch stückige Tomaten aus der Dose verwenden. Diese kurz pürieren und mit Salz, Pfeffer, Oregano und nach Belieben mit etwas Chilipulver würzen.

Affen-Muffins 47
Ananas
   Ananas-Orangen-Smoothie 98
   Pina-Colada 104
   Früchtebowle mit Minze 108
Antipasti-Pizza 130
Apfel
   Apfel-Power-Shot 104
   Gedeckter Apfelkuchen 29
   Herzhafte Waffeln mit Radieschenquark 126
Aprikosen: Melonenpizza à la Conni 89
Artischocken: Antipasti-Pizza 130
Banane
   Apfel-Power-Shot 104
   Bananendelfine 48
   Bananen-Walnuss-Kuchen 26
   Marshmallow-Sandwiches 125
   Melonen-Smoothie 98
   Milchshake mit Schokoeis 101
   Pina-Colada 104
   Ufo-Torte 41
Basilikum: Grissini-Fackeln 95
Blätterteig
   Knusprige Windräder 80
   Lolli-Schnecken mit Konfitüre 71
   Mini-Drachen 80
Blondies, Mandel- 77
Bunte Eis-Toppings 106
Bunter Schüttelsalat 82
Burger, Kichererbsen- 114
Butterkekse
   Märchenschloss mit Himbeeren 42
   Marshmallow-Sandwiches 125
   Zauberstäbe kunterbunt 68
Cakepop-Frösche 49
Cookies, Flocken- 72
Cupcakes, Schaf- 62

Datteln: Bunter Schüttelsalat 82
Eis
   Eis am Stiel 107
   Eisbüfett 106
   Eis-Toppings, bunte 106
   Milchshake mit Schokoeis 101
Erdbeeren
   Eis am Stiel 107
   Erdbeerkuchen 33
   Früchtebowle mit Minze 108
   Melonenpizza à la Conni 89
   Pink Piggy 104
Eulen-Muffins 46
Feen-Kuchen mit Zauberstäben 20
Feta
   Herzhafte Waffeln mit Radieschenquark 126
   Knusprige Ofenkartoffeln 118
Flocken-Cookies 72
Frischkäse
   Cakepop-Frösche 49
   Gemüse-Wraps 116
   Märchenschloss mit Himbeeren 42
   Mini-Drachen 80
   Schaf-Cupcakes 62
   Steaks mit Kräuterbutter und Steaksoße 123
   Tramezzini-Röllchen 86
Früchtebowle mit Minze 108
Früchte, gegrillte 125
Frühlingszwiebeln
   Bunter Schüttelsalat 82
   Herzhafte Waffeln mit Radieschenquark 126
   Kichererbsen-Burger 114
Geburtstags-Gugelhupf 12
Geburtstagstorte 50
Gedeckter Apfelkuchen 29
Gegrillte Früchte 125
Gemüse-Wraps 116

Grissini-Fackeln mit Schinken 95
Gurke
   Gemüse-Wraps 116
   Konfettisalat mit Würstchenspieß 129
Hackbällchen mit Tomatenreis 121
Hefeteig
   Geburtstags-Gugelhupf 12
   Hotdog-Stockbrot 122
Heidelbeeren
   Früchtebowle mit Minze 108
   Melonenpizza à la Conni 89
   Vanillemuffins mit Heidelbeeren 58
Herzhafte Waffeln mit Radieschenquark 126
Himbeeren
   Himbeertorte mit Mohn 38
   Märchenschloss mit Himbeeren 42
   Schoko-Tiramisu 87
   Whoopies mit Himbeercreme 56
   Zitronenlimo mit Himbeeren 102
Hirse: Bunter Schüttelsalat 82
Hot chocolate im Duett 111
Hotdog-Stockbrot 122
Joghurt
   Bunter Schüttelsalat 82
   Eis am Stiel 107
   Herzhafte Waffeln mit Radieschenquark 126
   Himbeertorte mit Mohn 38
   Knusprige Ofenkartoffeln 118
   Mandarinentorte 53
   Melonenpizza à la Conni 89
   Rote Maulwurftorte 44
   Schoko-Tiramisu 87
Johannisbeeren: Schlemmerschnitten mit
   Johannisbeeren 30
Käsemuffins 90
Kichererbsen-Burger 114

Knusprige Ofenkartoffeln 118
Knusprige Windräder 80
Konfettisalat mit Würstchenspieß 129
Kräuterdip 118
Kuhflecken-Mini-Kuchen 35
Löffelbiskuits
   Mandarinentorte 53
   Schoko-Tiramisu 87
Lolli-Schnecken mit Konfitüre 71
Mais: Konfettisalat mit Würstchenspieß 129
Mandarinen
   Feen-Kuchen mit Zauberstäben 20
   Mandarinentorte 53
Mandeln
   Erdbeerkuchen 33
   Mandel-Blondies 77
   Melonenpizza à la Conni 89
   Möhrenkuchen 15
   Pferdekoppel 19
   Whoopies mit Himbeercreme 56
Märchenschloss mit Himbeeren 42
Marshmallows
   Hot chocolate im Duett 111
   Marshmallow-Sandwiches 125
   Schaf-Cupcakes 62
Mascarpone
   Eis am Stiel 107
   Himbeertorte mit Mohn 38
   Mandarinentorte 53
   Schoko-Tiramisu 87
   Whoopies mit Himbeercreme 56
Maulwurftorte, rote 44
Melone
   Früchtebowle mit Minze 108
   Melonenpizza à la Conni 89
   Melonen-Smoothie 98
Milchshake mit Schokoeis 101
Mini-Drachen 80

Mini-Hotdogs 92
Mini-Mozzarella-Spieße 85
Mohn: Himbeertorte mit Mohn 38
Möhren
   Bunter Schüttelsalat 82
   Gemüse-Wraps 116
   Konfettisalat mit Würstchenspieß 129
   Möhrenkuchen 15
Mozzarella
   Antipasti-Pizza 130
   Mini-Mozzarella-Spieße 85
Muffins
   Affen-Muffins 47
   Eulen-Muffins 46
   Käsemuffins 90
   Schaf-Cupcakes 62
   Vanillemuffins mit Heidelbeeren 58
Ofenkartoffeln, knusprige 118
Orangensaft
   Ananas-Orangen-Smoothie 98
   Apfel-Power-Shot 104
   Erdbeerkuchen 33
   Melonen-Smoothie 98
Paprika
   Antipasti-Pizza 130
   Gemüse-Wraps 116
   Kichererbsen-Burger 114
   Konfettisalat mit Würstchenspieß 129
   Mini-Mozzarella-Spieße 85
Pferdekoppel 19
Pina-Colada 104
Pink Piggy 104
Quark
   Herzhafte Waffeln mit Radieschenquark 126
   Knusprige Ofenkartoffeln 118
   Schokoschnitten mit Milchfüllung 61
   Tassenkäsekuchen mit Lieblingsbeeren 74

Radieschen: Herzhafte Waffeln mit Radieschenquark 126
Reis: Hackbällchen mit Tomatenreis 121
Roastbeef: Tramezzini-Röllchen 86
Rosinen
   Flocken-Cookies 72
   Geburtstags-Gugelhupf 12
   Gedeckter Apfelkuchen 29
Rote Maulwurftorte 44
Sauerkirschen: Ufo-Torte 41
Schaf-Cupcakes 62
Schinken
   Grissini-Fackeln mit Schinken 95
   Schinkendip 118
Schlemmerschnitten mit Johannisbeeren 30
Schokoküsse
   Geburtstagstheater 66
   Geburtstagstorte 50
   Schaf-Cupcakes 62
Schokolade
   Affen-Muffins 47
   Eulen-Muffins 46
   Feen-Kuchen mit Zauberstäben 20
   Flocken-Cookies 72
   Geburtstagstorte 50
   Hot chocolate im Duett 111
   Kuhflecken-Mini-Kuchen 35
   Mandel-Blondies 77
   Milchshake mit Schokoeis 101
   Pferdekoppel 19
Schokoschnitten mit Milchfüllung 61
Schoko-Tiramisu 87
Schüttelsalat, bunter 82
Smoothie
   Ananas-Orangen-Smoothie 98
   Melonen-Smoothie 98
Spinat: Bunter Schüttelsalat 82

Steaks mit Kräuterbutter und Steaksoße 123
Stockbrot, Hotdog- 122
Süßkartoffel-Toasties mit Ziegenkäse 124
Tassenkäsekuchen mit Lieblingsbeeren 74
Tassenkuchen 16
Tiramisu, Schoko- 87
Tomate
- Antipasti-Pizza 130
- Bunter Schüttelsalat 82
- Gemüse-Wraps 116
- Hackbällchen mit Tomatenreis 121
- Konfettisalat mit Würstchenspieß 129
- Mini-Mozzarella-Spieße 85
- Süßkartoffel-Toasties mit Ziegenkäse 124

Tramezzini-Röllchen 86
Ufo-Torte 41
Vanillemuffins mit Heidelbeeren 58
Waffeln: Herzhafte Waffeln mit Radieschenquark 126
Walnüsse: Bananen-Walnuss-Kuchen 26

Whoopies mit Himbeercreme 56
Wraps, Gemüse- 116
Würstchen
- Hotdog-Stockbrot 122
- Knusprige Windräder 80
- Konfettisalat mit Würstchenspieß 129
- Mini-Hotdogs 92

Zauberstäbe kunterbunt 68
Ziegenkäse: Süßkartoffel-Toasties mit Ziegenkäse 124
Zitronenlimo mit Himbeeren 102
Zucchini
- Hackbällchen mit Tomatenreis 121
- Tramezzini-Röllchen 86

Das findet Conni besonders toll:

Connis Bastelideen 22
Connis Lieblingsspiele 64
Grillspaß 122
Koch-Party 84
Sommerparty 104
Tierisch süß 46

BILDNACHWEIS

Barbara Bonisolli: 86, 122, 124, 125; Walter Cimbal: 63; Eising Studio: 44, 45, 72, 73, 90, 91; Fotos mit Geschmack: 100, 104, 119, 120, 123; Julia Hoersch: 18, 21, 27, 28, 31, 32, 34, 39, 43, 47, 48, 49, 51, 52, 66, 67, 70, 75, 81, 83, 85, 87, 88, 94, 99, 106 (li., re.), 107, 115, 127, 128, 131; Vanessa Janssen: 93; Coco Lang: 106 (M.); Anke Politt: 14, 69; Sabrina Speck: 57; StockFood Studios, Jan Wischnewski: 116, 117; StockFood Studios, Studio Diercks Media GmbH: 13, 17, 40, 59, 60; Katrin Winner: 76, 103, 109, 110;

© 2020 ZS Verlag GmbH
Kaiserstraße 14 b
D-80801 München

ISBN 978-3-96584-049-2
1. Auflage 2020

Projektleitung: Eva-Maria Hege, Stella Paschen
Rezepte: ZS-Team
Lektorat: Karin Kerber
Grafische Gestaltung: Irene Schulz
Herstellung: Frank Jansen
Producing: Jan Russok
Conni™: Carlsen Verlag GmbH/Hamburg
Illustration: E. Wenzel-Bürger/J. Görrissen
Agentur: WDR mediagroup GmbH
Druck und Bindung: optimal media GmbH, Röbel

Die ZS Verlag GmbH ist ein Unternehmen
der Edel SE & Co. KGaA, Hamburg.
www.zsverlag.de | www.facebook.com/zsverlag

Alle Rechte vorbehalten. All rights reserved.
Das Werk darf – auch teilweise – nur mit Genehmigung
des Verlags wiedergegeben werden.

CONNI KLAWITTER

lebt mit ihrer Familie und ihrem Kater Mau in einer kleinen Stadt. Sie trägt am liebsten Pullover oder T-Shirts mit rot-weißen Ringelstreifen.
Das Kochen und Backen zusammen mit Mama und Papa oder auch schon ab und zu mit ihren Freunden ist eine ihrer Lieblingsbeschäftigungen.

Auf den Geschmack gekommen?

An die Kochlöffel, fertig, los: Mit Connis Lieblingsrezepten kommt beim Kochen Spaß in die Familienküche.

Das Conni Kochbuch
€ [D] 14,99
ISBN 978-3-89883-753-8

Conni weiß: Backen ist ein Kinderspiel und mit ihren Lieblingsrezepten geht es gleich doppelt so leicht von der Hand!

Das Conni Backbuch
€ [D] 14,99
ISBN 978-3-89883-823-8

GLEICH weiterkochen!

Jetzt überall, wo es gute Bücher gibt.